Knaur
MensSana

Von Christopher A. Weidner ist außerdem erschienen:

Die Sprache der Sterne

Über den Autor:

Christopher A. Weidner, Jahrgang 1967, ist Astrologe und lebt als freier Autor in München. 1996 gründete er das Projekt »Phoenix Astrologie«, wo er Vorträge, Kurse und Seminare über Astrologie für Anfänger und Fortgeschrittene anbietet. Neben seiner Tätigkeit als astrologischer Berater setzt er sich intensiv mit den Techniken des Feng Shui auseinander. Seit 1997 veranstaltet er in ganz Deutschland Präsentationen und Vorträge zu den Themen Astrologie und Feng Shui.

Christopher A. Weidner

Die Gesetze des Feng Shui

Schritt für Schritt
seinen Lebensraum
gestalten

Knaur
MensSana

Besuchen Sie uns im Internet:
www.droemer-knaur.de

Vollständige Taschenbuchausgabe
Droemersche Verlagsanstalt Th. Knaur Nachf., München
Dieser Titel erschien bereits im Oktober 1999 unter der Bandnummer 76211.

Redaktion: Claudia Alt
Umschlaggestaltung: Agentur Zero, München
Umschlagabbildung: Tony Stone, München
Satz: Sabine Hüttenkofer
Druck und Bindung: Ebner Ulm
Printed in Germany
ISBN 3-426-87067-3

2 4 5 3 1

Inhalt

Danksagung

Ich möchte allen Menschen danken, die mich bei der Fertigstellung dieses Buches rat- und tatkräftig unterstützt haben, insbesondere aber Andrea, Claudia und meinem Vater. In memoriam Feng Huang – möge er seinem Namen alle Ehre machen.

»Ist das Auge frei, so sieht es klar; ist das Ohr frei, so hört es scharf; ist die Nase frei, so riecht sie fein; ist der Mund frei, so schmeckt er deutlich.; ist die Seele frei, so erlangt sie Erkenntnis; ist die Erkenntnis frei, so erreicht sie das Leben. Alle diese Zugänge darf man nicht verstopfen. Werden sie verstopft, so entstehen alle Übel. Das Bewußtsein der Geschöpfe ist durch das Atemholen bedingt. Ist der Atem nicht reichlich, so ist dies nicht die Schuld des Himmels, denn der Himmel entsendet ihn Tag und Nacht ohne Aufhören, und nur der Mensch selber ist es, der darauf bedacht ist, seine Zugänge zu verstopfen.«

»Das Wirken der Natur zu kennen und zu erkennen, in welcher Beziehung das menschliche Wirken dazu stehen muß: das ist das Ziel.«

Dschuang Dsi, aus: Das wahre Buch vom südlichen Blütenland.

Feng-Shui-Geschichten – anstelle einer Einleitung

Es ist schon viel über Feng Shui geschrieben und gesagt worden, und inzwischen, denke ich, haben die meisten Menschen zumindest eine vage Vorstellung davon, daß es sich um die uralte, aus China überlieferte Kunst handelt, den Lebensraum des Menschen in Einklang mit den Kräften der Natur, mit »Wind und Wasser« – so die wörtliche Übersetzung – zu gestalten. Ziel ist es, die Kontrolle über das eigene Geschick zu erlangen, aus der Erkenntnis heraus, daß es eine Verbindung zwischen der Umwelt und der eigenen Innenwelt gibt. Wer die Gesetze des Feng Shui beachtet, wird seine Umgebung nicht willkürlich gestalten, sondern wird sie auf seine persönlichen Bedürfnisse abstimmen und mit seinen individuellen Zielen in Einklang bringen. Richtig angewandt kann Feng Shui die eigene Zielstrebigkeit stützen, das Wohlbefinden stärken und die Seele in Balance bringen.

Dieses Buch ist für all diejenigen geschrieben, die sich einen sehr praxisorientierten Zugang wünschen, zugleich aber das Wesentliche erfahren und vor allen Dingen verstehen wollen, um es für sich auf die eigenen Verhältnisse übertragen zu können – denn jede Situation ist anders, und demzufolge kann und darf es auch keine Patentrezepte geben. Die vielen Beispiele, die Sie in diesem Buch finden, sollen Sie deshalb auch nicht zu blindem Nachahmen verleiten, sondern sind als Anregungen und Tips zu verstehen, die eigene Kreativität ins Spiel zu bringen.

Dennoch ist es wichtig, ein paar Worte darüber zu verlieren, worum es im Feng Shui wirklich geht – in der gegenwärtigen Publikationsfülle verliert der Interessierte leicht den Überblick. Ich habe mich deshalb bei der Darstellung meines Wissens auf die Dinge beschränkt, die ich für unabdingbar halte und die den Kern von Feng Shui ausmachen. Manch andere Themen mußten so außen vor bleiben, was nicht heißen soll, daß sie nicht bedeutsam wären, aber für den »Hausgebrauch« sind sie nicht zwingend erforderlich. Wer sich hier weiterbilden möchte, kann und sollte dies tun: Im Anhang finden Sie eine reichhaltige Literaturliste, anhand derer Sie Ihr Wissen in jede beliebige Richtung erweitern können.
Nachfolgende Geschichten, die mir in meiner mehrjährigen Erfahrung als Referent und Seminarleiter begegnet sind, erzählen von den häufigsten Mißverständnissen, die sich aus der unkritischen Übernahme chinesischer Traditionen durch den westlichen Menschen ergeben. Sie zeigen, worauf Sie achten sollten, um Feng Shui nicht einfach nachzuahmen, sondern einen eigenständigen Weg zu finden, der zu Ihnen und dem soziokulturellen Umfeld paßt, in dem Sie aufgewachsen sind.
In diesem Sinne wünsche ich Ihnen bei der Umsetzung der Vorschläge gutes Feng Shui und viel Frieden, Kraft und Freude.

Der Kamin

Einmal fragte mich eine Frau, wie es denn aussehe, den Kamin in die Mitte ihres in Planung befindlichen Hauses zu plazieren. Ich antwortete ihr, daß dies eine durchaus sinnvolle Überlegung sei, denn in der Bildersprache des Feng Shui entspricht der Kamin dem Herzen eines Hauses, dem Mittelpunkt, von dem

aus sich alle Energie im Haus verteilt, so wie das Blut vom Herzen durch die Adern des Körpers gepumpt wird.
Wenige Zeit später besuchte diese Frau einen zweiten Vortrag eines anderen Referenten und stellte ihm dieselbe Frage. Dieser aber schlug die Hände über dem Kopf zusammen und riet ihr entsetzt von diesem Vorhaben ab, denn ein Kamin in der Mitte des Hauses bedeute ein Zuviel an Feuer-Energie in einem Bereich, der eigentlich Erd-Qualität entspreche: Dies würde auf Dauer die Familie zerstören. Es ist verständlich, daß sich die so ungleich Beratene ziemlich verunsichert fühlte, worauf sie mich anrief.
Leider gab jener Feng-Shui-»Experte« keine Erklärung darüber ab, wie er denn auf diese zweifelhaften Zusammenhänge gekommen sei, und dies, obwohl er versicherte, an einer renommierten Feng-Shui-Schule eine Ausbildung genossen zu haben.
Zunächst einmal ist Feng Shui eine Sprache der Bilder, die aus der Anschauung der Natur entstanden ist. Alle Aussagen, die sich im Sinne des Feng Shui auf den Lebensraum des Menschen beziehen, finden ihre Wurzeln in dieser Betrachtungsweise. Dies ist wichtig, denn auch wenn Sie nur eine vage Vorstellung von den Techniken und Methoden des Feng Shui haben, können Sie sich darauf verlassen, daß sich jeder ernstgemeinte Ratschlag, den Sie erhalten, auf Bilder dieser Anschauung beziehen muß. Wenn Sie einmal verstanden haben, wie dieses »Denken in Bildern« funktioniert, können Sie selbst entscheiden, wieviel Feng Shui ein Lösungsvorschlag wert ist. Im Falle eines Hauses finden Sie beispielsweise allenthalben den bildhaften Vergleich mit dem menschlichen Körper: die Tür ist der Mund, die Fenster sind die Augen, Flure, Gänge und Treppen sind die Versorgungswege wie Speise- und Luftröhre, die Wasser- und Wärmeleitungen sind Adern und so weiter. In dieses Bild fügt sich der Kamin als Herz des Hauses. Es entspricht daher einfach

unserer Empfindung, daß der Kamin und damit das Feuer, welches der Wohnstätte Leben verleiht, in der Mitte des Hauses seinen Platz finden kann.

Die Stimmigkeit dieses Bildes ergänzt sich hervorragend mit der ökonomischen Sinnfälligkeit einer solchen Anordnung, denn wer würde schon einen Kamin an die Außenwand eines Hauses plazieren, um den Großteil der Strahlungshitze ungenutzt an die Umwelt abzugeben? Sie sehen, nicht nur der allegorische, bildhafte Weg muß überzeugen können, sondern auch der wirtschaftliche und ökologische. Feng Shui ist im Grunde eine spirituell orientierte Tradition, die eine besondere Sichtweise auf den menschlichen Lebensraum entwickelt hat. Dennoch wird sie begleitet von einer bestechenden Pragmatik, die sich stets geschickt und besonnen an den bestehenden Umweltbedingungen ausrichtet.

Ein echter Feng-Shui-Vorschlag wird deshalb nicht an den ökonomischen und ökologischen Notwendigkeiten vorbeidenken, sondern ihnen in jedem Fall Rechnung tragen. Dies gilt übrigens auch für jene Scheinwerfer, die laut einiger Feng-Shui-Ratgeber Tag und Nacht Ihr Haus anstrahlen sollen, um angeblich Qi anzuziehen – eine völlig sinnfreie Maßnahme, die zudem aus energiepolitischer Sicht als äußerst bedenklich zu bewerten ist.

Die Feng-Shui-Lehre selbst liefert zudem einen überzeugenden Grund gegen die Richtigkeit der Behauptung jenes »Experten«: Wenn der mittlere Bereich eines Hauses der Qualität *Erde* entspricht, wäre es im Sinne des fördernden Kreislaufs der *Wu Xing* oder Fünf Wandlungszustände geradezu ideal, wenn man diesen Platz mit der Qualität des *Feuers* besetzte, denn Feuer nährt Erde (vergleiche das Kapitel »Der Zyklus der Wu Xing«). Sie sehen also, wie wichtig es ist, sich mit den Grundzügen der Lehre des Feng Shui auseinanderzusetzen, denn nur so können Sie auch wirklich die Spreu vom Weizen trennen.

Lassen Sie mich zusammenfassen:
Feng Shui ist eine Sprache der Bilder. Was auch immer Sie im Feng Shui umsetzen möchten, sollte sich im Einklang mit den Allegorien befinden, wie sie diese Lehre zur Verfügung stellt. Ein Lösungsvorschlag, der sich offensichtlich nicht auf diese Form der Anschauung bezieht, hat nichts mit Feng Shui zu tun. Dabei sprechen die Bilder des Feng Shui eine Sprache, die auf unser Empfinden für die Umwelt abzielt. Ein Bild, das für uns keine Bedeutung hat, erscheint leer und sinnlos. Besitzen Bilder hingegen eine starke positive Aufladung, die sich noch dazu aus einer langen Überlieferung ableiten läßt, gibt es keinen Grund, die Gestaltung des Lebensraums auf der Grundlage dieses Bildes zu verweigern.
Feng Shui ist eine praxisorientierte Lehre. Sie würde sich niemals gegen bestehende sinnvolle Notwendigkeiten richten, wie sie sich vor allem aus der Frage der Region ergeben, in denen Feng Shui angewandt wird. So mag eben ein Kamin in den kühleren Gegenden Europas absolut sinnfällig für das Herz des Hauses stehen, während in den wärmeren Gebieten Südeuropas diese Funktion der Lichthof oder das Atrium einnimmt.

Feng Shui stülpt sich nicht dogmatisch über eine Kultur, sondern hat die Fähigkeit, sich nahtlos in vorhandene Gegebenheiten zu integrieren.

Lernen Sie die Grundlagen des Feng Shui kennen! Beschäftigen Sie sich mit der Herleitung all der Techniken und Hilfsmittel aus der bildhaften Anschauung: nur so können Sie gewiß sein, daß man Ihnen nicht ein X für ein U vormacht, weil Sie jeden Vorschlag auf seine Stimmigkeit mit den für Feng Shui typischen Bildern hin überprüfen können. Am besten: Machen Sie sich selbst zum Experten!

Die Visitenkarte

Ein andermal zeigte mir eine Frau auf einer Veranstaltung ihre neue Visitenkarte, die sie nach vermeintlichen Feng-Shui-Anweisungen ausgearbeitet hatte. Dabei berief sie sich auf Maßangaben, welche sie in einem der gängigen Ratgeber gefunden hatte, die je nach Beruf und Stand unterschiedliche Größenordnungen vorsehen. Das Ergebnis ist erstaunlich: Besagte Visitenkarten waren so klein geraten und in den Proportionen so unvorteilhaft, daß kaum die komplette Adresse darauf Platz fand. Weil die Inhaberin dieser Karte selbst darüber etwas in Zweifel geraten war, hatte sie die als ideal berechneten Maße verdoppelt mit dem traurigen Ergebnis, daß sie nun ein so ungeschicktes Format aufwiesen, welches sich für die standardisierten Brieftaschen ihrer Kundschaft als nicht geeignet entpuppte. Ich brauche nicht zu erwähnen, daß die Herstellungskosten für diese merkwürdig unproportionierten Visitenkarten natürlich ungleich größer waren als für herkömmliche.

Diese Geschichte zeigt uns, daß wir Westeuropäer offensichtlich häufig einen recht verkrampften Zugang zum Leben haben, wenn wir glauben, daß sich Glück, Wohlstand und Gesundheit über die Millimeter unseres Lineals erzwingen lassen. Irgendwie scheinen wir dem Glauben verfallen zu sein, daß rechtes Maß gleichbedeutend ist mit: korrekt vermessen. Daß wir dann, wie im Fall der Geschäftsfrau und ihrer Visitenkarte, am Ende vor völlig unpraktischen Lösungen stehen, die den ursprünglichen Absichten nicht im geringsten gerecht werden, wird uns oft erst hinterher bewußt, wenn wir dem Unfug aufgesessen sind.

Feng Shui nimmt sich die Anschauung der Natur zum Vorbild – und wo finden Sie da exakte Maße? Ist etwa eine Pflanze von 42 cm Höhe günstiger und glückbringender als eine von 50 cm?

Feng Shui ist eine Kunst, die sich nach dem Menschen und seinen Bedürfnissen ausrichtet und nicht umgekehrt. So gibt es allen Ernstes »Experten«, die vorschreiben, wie hoch, wie breit und wie tief Ihr Schreibtisch zu sein hat, damit er Ihnen Glück bringt. Überlegen Sie mal: Können solche standardisierten Maße der Vielfalt an Körpergrößen des Menschen gerecht werden? Ich rate Ihnen daher dringend, auch weiterhin Schreibtisch- und Stuhlhöhe nach physiologischen Gesichtspunkten auszuwählen, damit diese nicht auf Dauer Ihrer Gesundheit mehr schaden als nützen, weil sie ganz im Gegenteil Ihr körpereigenes Qi blockieren.
Im Feng Shui geht es zwar um Formen und Gestalten und darum, wie diese unseren Lebensraum prägen und charakterisieren. Doch suchen wir nicht mit dem Metermaß nach ihnen, sondern mit dem Auge der Anschauung, damit sie uns ihre Botschaft, ihren Inhalt offenbaren. Eine Form ohne diesen sie beseelenden Inhalt ist eine tote Form und nützt niemandem. So hätte ein aussagekräftiges Logo, ein bedeutsames, nach Feng-Shui-Gesichtspunkten für sie ausgewähltes Symbol der Visitenkarte jener Geschäftsfrau mehr geholfen, weil ein Stück ihrer Persönlichkeit zum Ausdruck gekommen wäre.

Die Telefonnummer

In meinen Vorträgen betone ich immer, daß nicht alle Symbole der chinesischen Kultur für uns eine Bedeutung haben, weil ihnen völlig andere Zusammenhänge zugrundeliegen, die sich uns aufgrund fehlender Kenntnisse nicht erschließen, während sie einem Chinesen sofort zugänglich sind.
Ich erläutere dabei, daß viele Symboldeutungen in China aufgrund des Gleichlautes von Wörtern zustande kommen, wobei

davon ausgegangen wird, daß zwei Wörter, die ähnlich klingen, auch denselben Sinn vermitteln. So ist beispielsweise eine Fledermaus für einen Chinesen ein häufig angewandtes Glückssymbol, während wir Abendländer diese Interpretation nur schwerlich auf der Grundlage unserer Überlieferungen nachvollziehen können, in denen im Zusammenhang mit Fledermäusen von Vampiren, lichtscheuen Dämonen und anderen unheimlichen Geschöpfen der Nacht die Rede ist. Wie kommt es zu diesem gravierenden Unterschied in der Bewertung? Ganz einfach: Auf Chinesisch heißt Fledermaus *fu* und Glück *fu*. Für einen Chinesen liegt daher nichts näher, als diese beiden Begriffe zusammenzubringen und der Fledermaus als Glückstier die Ehre zu erweisen.

Ebenso schwer ist es verständlich, wenn es in China ausgerechnet der Ruf der Elster ist, der eine gute Nachricht oder sogar kommendes Eheglück verkündet, wo sie uns doch eher an lasterhafte Geschwätzigkeit und Diebstahl erinnert und in der christlichen Ikonografie sogar als Sendbote des Teufels in Erscheinung tritt.

Die Zahl solcher Beispiele könnte noch beliebig fortgesetzt werden – mir geht es jedoch nur darum zu zeigen, daß chinesische Symbole in den meisten Fällen so weit entfernt von unserer Denkart sind, daß wir keine Chance haben, sie zu verstehen, und sie deshalb oftmals gar nichts oder sogar das Gegenteil bedeuten können. Um es anders auszudrücken: Wir haben es hier mit symbolischen Formen zu tun, die für uns keinen oder sogar den falschen Inhalt vermitteln. Damit möchte ich den in unseren Breiten lebenden Menschen von der oftmals mit unserem Geschmack kollidierenden Vorstellung befreien, man müßte Wohnungen und Häuser nach dem Vorbild chinesischer Tempel oder Restaurants gestalten, um gutes Feng Shui zu erhalten.

Anders formuliert: Feng Shui kommt zwar aus dem Fernen Osten zu uns und wir benutzen viele chinesische Begriffe in diesem Zusammenhang – das heißt aber nicht, daß wir den gesamten Wust an Traditionen, Symbolen und fremdartigen Riten mit übernehmen müssen. Feng Shui besitzt einen Kern an Erkenntnissen, der überall gleichermaßen zu Hause ist und sich problemlos an die soziokulturellen Verhältnisse angleichen läßt, wie wir sie gewohnt sind. Natürlich hat sich über die Jahrhunderte der vorwiegend mündlichen Tradition des Feng Shui viel Aberglauben um diesen Kern angesammelt. Nun gilt es, die allen Menschen nachvollziehbare Struktur dieses Kerns darzulegen, damit sie auch in unserem Kulturkreis Anwendung finden kann. Gleiches gilt natürlich auch für einige der klassischen Feng-Shui-Vorschläge, die noch eine stark patriarchalische Denkart atmen und uns befremdlich vorkommen müssen, wie etwa die Tischordnung nach Söhnen und Töchtern. Ich versichere Ihnen, daß Sie und Ihre Familie keinen Schaden nehmen werden, wenn Sie auch weiterhin so am Tisch Platz nehmen, wie es Ihnen gefällt.

Dazu noch ein Beispiel aus meiner Praxis: Nach einem meiner Vorträge kam ein Mann mit einem großen Fragezeichen im Gesicht zu mir, denn er hatte sich bis vor meinen Ausführungen als glücklicher Besitzer einer Telefonnummer gewähnt, die mindestens zur Hälfte aus Achten bestand und keine Vier aufwies. Wie er mir versicherte, war es nicht leicht, diese Forderungen gegenüber der Telefongesellschaft durchzusetzen, und er hatte lange Wartezeiten in Kauf nehmen müssen, bis er endlich seine neue Geschäftsnummer hatte.
Hintergrund dieser Aktion ist der in vielen Büchern propagierte chinesische Aberglaube, daß die Zahl Vier Unglück bringe, wo auch immer sie auftauche. Tatsächlich fürchten sich die Chi-

nesen vor der Vier ebenso wie wir vor der Dreizehn. Grund für diesen Zusammenhang ist jedoch wieder einmal die Lautgleichheit zweier chinesischer Wörter, nämlich *szu* für Vier *und* Tod. Aus unserer Kultur lassen sich keine derartigen Ableitungen bilden, denn hier ist die Zahl Vier durchaus positiv belegt, gerade wenn es um die Gestaltung und Beschreibung des Lebensraumes geht: die *vier* Wände verleihen uns Sicherheit, nach *vier* Himmelsrichtungen erstreckt sich unser Gesichtsfeld, *vier* Jahreszeiten gliedern das Jahr und so weiter. Die Zahl Vier erscheint in unseren Breiten als Ordnungszahl von Zeit und Raum und verkörpert damit Stabilität und Sicherheit.

Die Zahl Acht hingegen wird in China als absolute Glückszahl gehandelt. So wie wir hier versuchen, in der Zeichenfolge auf den Nummernschildern der Autos unsere Initialen zu verewigen, gilt es dort als besonders segensreich, möglichst viele Achter («lucky numbers«) darauf zu vereinigen. Der abergläubische Kult um die Acht hat solche Formen angenommen, daß in Hongkong beispielsweise Aktien nur in 8er-, 88er- und 888er-Paketen ausgegeben werden.

Unserer der abendländischen Logik verhafteten Denkart mag es sogar etwas absurd vorkommen, daß ausgerechnet die *Verdoppelung* der Unglückszahl Vier so glückverheißend sein soll – würde sich nicht im Gegenteil das Unglück verdoppeln?

Mit Feng Shui hat dieser Zahlenglaube jedoch recht wenig zu tun. Feng Shui ist eine Technik, die sich auf die Gestaltung des menschlichen Lebensraumes bezieht und sich vor allem mit Formen und ihrer Wirkung auf uns Menschen beschäftigt. In diesem Zusammenhang stoßen wir immer wieder auf bestimmte Zahlenverhältnisse oder Proportionen, auf bestimmte mit Zahlen assoziierte Figuren wie das Quadrat, das Achteck oder auch das Dreieck. Die Zahl als solche hat jedoch keine Bedeutung außerhalb des Kulturraumes, in welchem ihr eine Bedeutung zugesprochen wird – Formen haben dagegen eine universelle Wirkung auf Menschen, insbesondere wenn sie aus der allen gleichermaßen zugänglichen Anschauung der Natur entstanden sind.

Drei goldene Regeln

Ich möchte Ihnen für Ihre künftige Beschäftigung mit Feng Shui drei Grundsätze ans Herz legen, die mir immer wieder klar gemacht haben, worum es im Kern der Sache wirklich geht.

1. Der Grundsatz der einfachen Lösung:
Lösungen im Feng Shui sollen einfach und naheliegend sein. Um mit Hilfe von Feng Shui wirkungsvoll die Atmosphäre des Lebensraumes zu verbessern, müssen Sie keine Umwege gehen. Wenn Sie die Wahl zwischen mehreren Lösungswegen haben, wählen Sie den, der sich für Sie am leichtesten in die Tat umsetzen läßt.
So ist es beispielsweise sicherlich einfacher, einen geradlinig auf Ihre Haustür führenden Weg durch seitliche Bepflanzungen und dekorative Elemente zu korrigieren, als gleich den gesamten Weg zu entfernen und neu anzulegen.

2. Der Grundsatz der angemessenen Lösung:
Die Lösung soll dem Problem angemessen sein. Nicht jede Schwierigkeit muß sofort das gesamte Arsenal an allen nur denkbaren Hilfsmitteln in Bewegung setzen – oftmals genügt die Veränderung eines winzigen Details, um genau die gewünschte Wirkung zu erzielen. Berücksichtigen Sie bei der Beurteilung stets den »Grad der Bedrohung«, wie sie von einer problematischen Situation für Sie ausgeht. Überstürzen Sie nichts!

Nicht immer ist Gegenangriff die beste Methode, und auch die Größe eines als Heilmittel eingesetzten Gegenstandes sagt noch nichts über seine Kraft aus.
So vermag ein kleines, unauffällig, aber richtig plaziertes metallisches Objekt denselben Effekt auf die Bewegungsrichtung des Qi haben wie ein wuchtiger Spiegel, der zudem störende Reflexe im Raum verteilt.

3. Der Grundsatz der schlichten Lösung:
Die Lösung soll sich unauffällig und in Übereinstimmung mit unserem persönlichen Geschmack sowie den kulturellen Gepflogenheiten in die Umgebung eingliedern. Wie gesagt: Sie müssen sich auch nach Korrekturen im Sinne des Feng Shui in Ihren eigenen vier Wänden wohl fühlen. Unternehmen Sie daher nichts, was Ihnen nicht einsichtig erscheint, und lassen Sie sich schon gar nicht zu Dingen überreden, die Ihnen nicht gefallen oder die Sie als Fremdkörper in Ihrer Umgebung empfinden.
So kann es das Feng Shui eines Ortes eher stören als fördern, wenn Sie gegen den allgemeinen Stil Ihres Lebensraumes ein Klangspiel in den Eingangsbereich hängen. Hier ist Kreativität gefragt, um Lösungen zu entwickeln, die zu Ihnen passen.
Im übrigen empfehle ich, eine Politik der kleinen Schritte. Viele Menschen lesen ein Feng-Shui-Buch und sind zunächst bestürzt darüber, was alles falsch ist in ihrer Wohnung und wie schlecht es ihnen eigentlich gehen müßte. Fangen Sie mit dem an, was Ihnen plausibel erscheint, und lassen Sie solche Dinge erst einmal außer acht, von denen Sie das Gefühl haben, daß Sie ihnen weder Vertrauen noch Glauben entgegenbringen können. Wenn Sie erst einmal angefangen haben und gewissermaßen auf den Geschmack gekommen sind, können Sie sich immer noch tiefer in die Materie einarbeiten. Vielleicht haben bis dahin

gemachte Erfahrungen die Kraft, Sie darin zu bestärken, das eine oder andere doch noch auszuprobieren, auch wenn Sie dem anfangs skeptisch gegenüberstanden.

Im allgemeinen habe ich mich im vorliegenden Buch den Bedürfnissen der meisten Menschen im Westen entsprechend auf die Gestaltung der Innenräume eines Hauses oder einer Wohnung beschränkt. Ich hoffe dennoch, daß meine Ausführungen zu den Grundlagen des Feng Shui so allgemeinverständlich gehalten sind, daß sie von jedem Interessierten auch auf größere Raumzusammenhänge übertragen werden können.

Qi und Sha

Im Feng Shui dreht sich alles um Qi, die universelle Lebensenergie, welche alle Ebenen des Seins durchdringt. Qi ist der Träger jener Eigenschaften, die wir in unserem Zuhause als positiv empfinden: dort, wo es ungehindert fließen und sich entfalten kann, herrschen Wohlstand und Wohlergehen der Bewohner. Daher ist die oberste Priorität, den Lebensraum so einzurichten, daß Qi fließen kann.

Wie fließt Qi?

Die Funktion von Qi läßt sich am besten mit einer seiner augenfälligsten Erscheinungsformen veranschaulichen: dem Kreislauf des Atems.
Beobachten Sie für einige Momente Ihre Atmung. Wie der Atem zirkuliert Qi, und Sie können seine Wirkweise am ununterbrochenen Wechsel von Leere und Fülle in Ihrem Körper spüren. Tatsächlich kann man sich den Atem als eine Kreisbewegung durch den Körper vorstellen, wenn die Luft im oberen Teil des Körpers eingesogen wird und nach unten sinkt, um dann wieder aufwärtszusteigen, um den Körper zu verlassen.
Das typische Merkmal von Qi ist die Zirkulation, die kreisförmi-

ge Bewegung, welche sich vorwärtsbewegt, um nicht an einer Stelle zu stagnieren, so wie die Atmung für den permanenten Austausch von Luft sorgt.

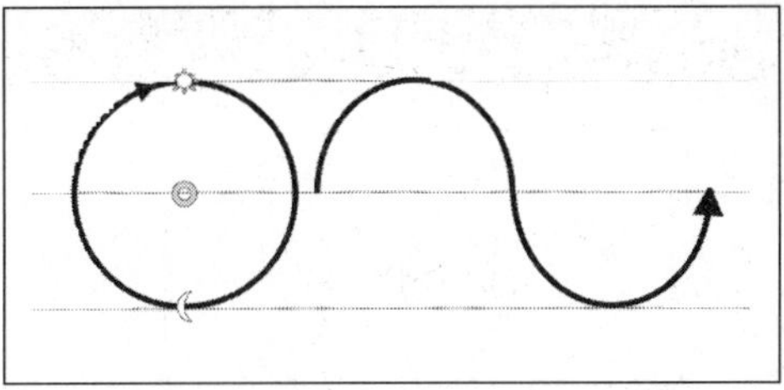

Aus einem Kreislauf wird eine Schwingung.

Jede Kreisbewegung kann auch in Form einer Welle dargestellt werden, wenn man nicht nur die räumliche Ausdehnung betrachten möchte, sondern auch die zeitliche: So wird jeder Zyklus zu einer Abfolge von periodischen Pendelbewegungen, zu einer gleichmäßigen Schwingung nach oben und unten oder links und rechts – je nach Perspektive. Und genau dies ist das Schlüsselbild für die Wirkkraft des Qi:

Qi ist Bewegung, die sich durch periodische Schwingung kennzeichnet, durch das Hin und Her, das Auf und Ab im Bewegungsfluß – wie eine Schlange, die sich vorwärtsbewegt.

Der Atem versorgt beim Einatmen den menschlichen Körper mit Sauerstoff, der zur Energiefreisetzung benötigt wird. Beim Ausatmen transportiert er giftiges Kohlendioxid nach draußen. Alle diese Funktionen sind in Qi enthalten: Es führt die Energie mit sich, die das Leben ermöglicht und aufrechterhält; schließlich reinigt Qi, indem es schädliche Stoffe bindet und entsorgt.

Wie entsteht Sha?

All diese Aufgaben kann Qi jedoch nur wahrnehmen, wenn es die beiden Bedingungen erfüllt: Bewegung und Schwingung. Wenn Qi eine dieser beiden Faktoren genommen wird, dann entsteht Sha, welches den Lebensraum eines Menschen beeinträchtigt und die Bewohner schädigt. Sha wird deshalb oft als der natürliche Gegenspieler von Qi bezeichnet – tatsächlich ist es nichts anderes als Qi, welches sich nicht seiner Natur gemäß entfalten darf.

Nimmt man Qi die rhythmische Pendelbewegung, wird aus der Schlangenlinie eine Gerade: dadurch wird es beschleunigt, weil ihm der verlangsamende Gegenimpuls fehlt, so wie die Schwerkraft einen in die Höhe geworfenen Stein im Flug verlangsamt und zur Umkehr zwingt. Das in eine Gerade gezwungene Qi wird nicht durch eine ausgleichende Gegenbewegung gebremst: Es verharrt auf seiner einmal eingeschlagenen Bahn und nimmt an kinetischer Energie unaufhörlich zu, die letztlich zerstörerisch wirken muß. Aus diesem Grund wird es mit einem Pfeil verglichen, der sich, einmal abgeschossen, unerbittlich auf sein Ziel zu bewegt und mit all seiner Kraft einschlägt. Diese Form von Sha wird daher *tötendes Sha* oder *Pfeil-Sha* genannt.

Pfeil-Sha (Tötendes Sha)

Wird verhindert, daß sich Qi vorwärtsbewegen kann, kommt eine andere Form von Sha zustande: Qi kommt nicht von der Stelle und stagniert, was den Tod der Lebensenergie bedeuten muß, weil es keine Zufuhr erneuernder Energie mehr gibt – so wie wir ersticken müßten, wenn man uns daran hinderte, die verbrauchte Luft auszuatmen. Stagnierendes Qi heißt deshalb *sterbendes Sha.**

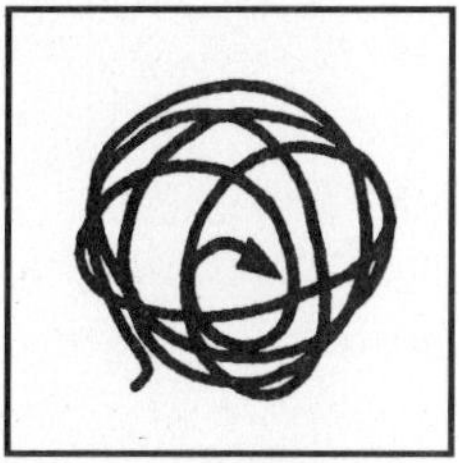

Sterbendes Sha

Sha kennt also zwei Qualitäten, die wir unterscheiden müssen:

- Qi verwandelt sich in *tötendes Sha*, wenn es in eine Richtung gelenkt und an der Schwingung gehindert wird: dadurch nimmt es unaufhörlich an Energie zu und wird zum »geheimen Pfeil«.
- Qi verwandelt sich in *sterbendes Sha*, wenn es daran gehindert wird zu fließen und an einem Ort stagnieren muß. Diese Form des Sha ist gleichzusetzen mit dem Tod des Lebens.

---

* Von »sterbendem Sha« zu sprechen mag einigen widersinnig erscheinen. Doch ist damit nicht der Tod des Sha gemeint, sondern Sha, welches die Qualität des Sterbens verkörpert.

Wie drücken sich Qi und Sha aus?

Schärfen Sie Ihren Blick für Qi und Sha! Wenn Sie die Konzepte dieser beiden grundlegenden Ausdrucksformen von Energie verstanden haben, besitzen Sie den wichtigsten Schlüssel zur erfolgreichen Anwendung von Feng Shui. Es ist weitaus weniger wichtig, in welche Himmelsrichtung Sie liegen, stehen oder sitzen oder welche Farbe Ihr Sofa hat, als in den eigenen vier Wänden in der Lage zu sein, lebensförderliche und lebensfeindliche Situationen wahrzunehmen und entsprechend auf sie reagieren zu können.

Das eindrucksvollste Vorbild von Qi und Sha finden wir in der Betrachtung von fließendem Gewässer, wie es in der Natur vorkommt.
Vergegenwärtigen Sie sich den Lauf eines ruhig durch Wiesen und Felder sich schlängelnden Baches: Er fügt sich leicht in die Umgebung ein, paßt sich den natürlichen Formen der Landschaft an, zerstört sie nicht, sondern richtet sich an ihnen aus. Sein Wasser fließt beständig und gemächlich, ist rein und frisch. Da er sich in sanft geschwungenen Kurven durch das Land bewegt, kann sich an den Innenseiten der Biegungen urbare Erde ansammeln, die Grundlage für grüne Wiesen und fruchtbare Äcker. Dieses Bild verkörpert Qi in seiner optimalen Gestalt.
Nun stellen Sie sich einen Sturzbach vor, der auf seinem Weg ins Tal Geröll und Erde mit sich reißt. Er kann kein Land links und rechts seines Laufes zusammentragen – im Gegenteil: Das, was noch an fruchtbarer Erde vorhanden sein mag, wird gnadenlos mit in die Tiefe gerissen. Damit ist der Sturzbach ein Bild für *tötendes Sha.*
Das nächste Bild ist ein morastiger und brackiger Tümpel. Im sumpfigen Schlamm dieses stehenden Gewässers fehlen Zu-

und Abfluß von Frischwasser. Es gibt keine Zirkulation, keinen Austausch, keine Reinigung und damit keine Veränderung des vorhandenen Zustandes: ideale Ausgangsbedingungen für die Ansammlung von Schadstoffen und die Brut von Krankheitserregern und allerlei Ungeziefer. Mit diesem Bild ist das *sterbende Sha* gemeint.

Qi und Sha im Haus

In den Lebensräumen des Menschen, seinen Wohnungen und Häusern, finden wir Qi und Sha in verschiedenen Ausprägungen. Gerade hier wirken sie sich besonders intensiv auf das Wohlergehen des Menschen aus.

Ein Haus verfügt über Qi, wenn die Wege der Menschen darin nicht fluchtartig und geradlinig verlaufen, sondern die Aufmerksamkeit in sanften Schwingungen durch die Räumlichkeiten geführt wird. Die Räume erschließen sich so Schritt für Schritt, werden zu Zonen, in denen die Lebensenergie je nach besonderer Gestaltung und Sinn Zeit zur Entfaltung findet, bevor sie das Haus wieder verläßt. Häuser mit Qi scheinen zu atmen und zu pulsieren, laden zum Verweilen ein und machen Lust, sie zu entdecken.

Beispiele: geschwungene Möbelanordnungen, gerundete Möbel, Pflanzen, abwechslungsreich arrangierte Dekorations- und Kunstgegenstände, zurückgezogen wirkende Nischen und Winkel wechseln sich mit ausreichend zur Bewegung einladenden Flächen ab.

Befinden sich in einem Haus dagegen vorwiegend lange Flure und Gänge, die nur eine starre Vorwärtsbewegung erlauben und die Menschen zwingen, mit auf ihr Ziel geheftetem Blick dahinzuhasten, wirkt in erster Linie tötendes Sha. Pfeilgerade Flure zerteilen das Haus und erzeugen das Gefühl von Grenzen zwischen den Menschen in den jeweiligen Flügeln, so wie ein reißender Sturzbach oder eine vielbefahrene Schnellstraße nicht zum Überqueren ermuntert. Tötendes Sha zerstört deshalb in erster Linie die Kommunikation der Bewohner eines Hauses, zertrennt die Beziehungen oder läßt sie erst gar nicht aufkommen.

Beispiele: offenliegende Leitungen, Kabel und Rohre, scharfkantige, spitze Möbelstücke, in einer Linie aufgereihte Möbel (zum Beispiel im Großraumbüro: alle Schreibtische stehen parallel zueinander), lange Treppen, Türen folgen in einer Reihe hintereinander, Zugluft.

Stagnierendes Sha herrscht vorwiegend in jenen Bereichen eines Hauses, die von den Bewohnern gemieden oder vernachlässigt werden. Dies können Räume sein, die das Gefühl des Eingesperrtseins und der Auswegslosigkeit hervorrufen, Räume, in denen einem »die Decke auf den Kopf fällt«, die einen bedrücken und eine düstere Stimmung provozieren. Auch extreme Unordnung sowie die berüchtigte »Totenstille« sind Anzeichen von stagnierendem Sha im Lebensraum.

Beispiele: Kellerräume, Abstellkammern, dunkle Winkel und Ecken, stehende Luft in einem Zimmer.

Yin und Yang

Jede Schwingung entfaltet sich zwischen zwei Polen, die als Gegensätze bestimmbar sind. So pendelt der Lauf eines Flusses stets hin und her, mal nach links und mal nach rechts, und die Kette eines Gebirgszuges steigt auf und wieder ab, wechselt zwischen Berg und Tal, hoch und tief.

Im Feng Shui werden diese Pole mit Yin und Yang bezeichnet und sind deshalb so wichtig, weil sie für den fortwährenden Prozeß der zyklischen Entwicklung von Qi ausschlaggebend sind, ja, ohne das Wechselspiel von Yin und Yang gäbe es keine Wandlung im Universum und damit kein Leben. Ihr natürliches Vorbild ist der Wechsel von Licht und Dunkelheit im ununterbrochenen Zyklus von Tag und Nacht.

Yin und Yang bringen Qi hervor und lassen es schwingen. Wenn diese Polarität nicht vorhanden ist, wird diese Schwingung verhindert – es entsteht Sha. Darum sollte man in jedem Fall bei der Betrachtung des Lebensraumes überprüfen, ob die Qualitäten von Yin und Yang in ausreichendem Maß berücksichtigt werden.

Yang bedingt Yin, und Yin bedingt Yang, so wie Licht immer auch Schatten bedeutet. Yang verwandelt sich in Yin, und Yin wird von Yang abgelöst, so wie sich Tag und Nacht abwechseln. Günstiges Qi wird dadurch erzeugt, daß sich diese beiden Kräfte in einem ausgewogenen Verhältnis zueinander befinden und gewährleistet wird, daß sie sich gegenseitig ergänzen und abwechseln.

Yin-Qi

Bild

Yin-Qi ist Kennzeichen der Nacht, seine grundsätzliche Qualität ist Dunkelheit und Kälte, ist Rückzug, verkörpert im Verlust der Helligkeit und des Wärme spendenden Lichts der Sonne. Ohne Licht verlieren wir das Gefühl von Distanz und Unterscheidung zu den Dingen: Die Welt um uns verliert an Konturen und Farben und damit an individuellen Merkmalen. In der Nacht ziehen wir uns in unsere Häuser zurück, entfernen uns von den wirren Aktivitäten des Tages und suchen Ruhe und Entspannung im Schlaf.

Bedeutung

Yin wirft uns auf die Empfindungen und Gedanken, die sich in unserem Inneren abspielen, zurück. Wir fühlen uns nicht mehr getrennt von der Umgebung, sondern eins mit ihr. Yin ist die Kraft, die uns zur Stille führt und in Kontakt mit unseren inneren Reserven bringt. Yin erlaubt uns, unseren subjektiven Eingebungen zu folgen und uns frei von den Notwendigkeiten des Alltags zu bewegen.

Yin hat mit allen Aktivitäten zu tun, die auf Eindrücke gerichtet sind. Yin sind alle konzentrierenden, nach innen gerichteten Vorgänge.

Yang-Qi

Bild

Yang-Qi beherrscht die helle Hälfte des Tages, seine grundsätzliche Qualität ist das Licht und die Wärme, es steht für Ausstrahlung, verkörpert in der Sonne. Licht ermöglicht uns, die Dinge klar zu unterscheiden, ihre Farben und Formen wahrzunehmen und ihre Bedeutung zu erkennen.

Bedeutung

Mit Hilfe von Yang können wir beurteilen, einteilen und planen. Yang bedeutet deshalb auch Bewußtsein, Klarheit und Unterscheidungsvermögen. Yang hilft uns, aktiv an der Gestaltung unseres Lebens teilzunehmen, Herausforderungen anzunehmen und unsere Aufmerksamkeit von uns weg auf unsere Umwelt zu richten. Yang verleiht uns ein höheres Maß an Objektivität und damit die Fähigkeit, uns und unsere Stellung in der Welt angemessen einzuschätzen und die richtigen Wege einzuschlagen, um unseren Absichten Ausdruck zu verleihen.

Yang hat mit allen Aktivitäten zu tun, die auf Ausdruck gerichtet sind. Yang entspricht allen expandierenden, sich nach außen öffnenden Vorgängen.

Folgende Tabelle soll die wichtigsten Merkmale von Yang-Qi und Yin-Qi zusammenfassen:

Yin-Qi	Yang-Qi
dunkel	hell
kalt	warm
nach innen gerichtet	nach außen gerichtet
verborgen	offensichtlich
nach unten gerichtet	nach oben gerichtet
ruhend	bewegt
schwer	leicht
undeutlich	klar
weich	hart

Yin und Yang im Lebensraum

In Wohnungen und Häusern kann man nun Räume bestimmen, in denen vorwiegend entweder Yin- oder Yang-Qi herrschen soll. Dabei gilt als Faustregel:

Räume, die privaten Charakter haben und einen Rückzug von der Öffentlichkeit ermöglichen sollen, sind Yin.

Typische Yin-Räume: Schlafzimmer, Badezimmer, Toiletten; Bibliotheken, Meditationszimmer, Ruheräume.

Für diese Räume gilt also: In Yin-Räumen sollte ein Verhältnis von 3:2 zwischen Yin- und Yang-Qualitäten herrschen. Gut sind deshalb:

- Teppichböden
- dimmbares Licht, indirekte Beleuchtung
- licht- und blickdichte Vorhänge
- weiche, schwere Stoffe
- gedeckte Farben
- waagrechte Formen

Sie sollten in den hinteren Bereichen oder einem oberen Geschoß des Hauses/der Wohnung liegen, möglichst weit entfernt vom Eingang (insbesondere das Schlafzimmer).
Am besten blicken Yin-Räume nach Norden oder Nordosten.
Es ist gut, wenn die Türen zu diesen Räumen etwas im Verborgenen liegen und nicht gleich eingesehen werden können. Sie sollten kompakt und gut verschließbar sein.

Als zweite Regel gilt:

Räume, in denen Aktivitäten stattfinden und die der Kommunikation und der Begegnung dienen, sind Yang.

Typische Yang-Räume: Wohnzimmer, Arbeitszimmer, Küche, Spielzimmer; Flur, Diele.

Für diese Räume gilt also: In Yang-Räumen sollte eine Verhältnis von 2:3 zwischen Yin- und Yang-Qualitäten herrschen. Gut sind deshalb:
- glatte Böden, Parkett
- gute Ausleuchtung
- leichte, lichtdurchlässige Vorhänge
- luftige, frische Stoffe
- helle Farben
- senkrechte Formen

Sie können in den vorderen Bereichen oder im Erdgeschoß eines Hauses/einer Wohnung liegen.
Yang-Räume blicken am besten nach Süden oder Südwesten. Ihre Eingangstüren sollten gut einsehbar sein und können zum Beispiel ein Lichtfenster oder auch ein Oberlicht haben. Hier können Sie Türen auch aushängen oder durch Vorhänge ersetzen.

Qi und Sha im Lebensraum

Qi – der gute Geist des Hauses

In der chinesischen Tradition ebenso wie in vielen anderen Kulturen ist das Haus mehr als nur eine strukturierte Anhäufung lebloser Materialien mit dem Ziel, irgendwie ein Dach über dem Kopf zu haben. Oftmals dachte man sich das Haus von Zwergen, Heinzelmännchen und anderen guten Geistern bewohnt, mit denen man den Lebensraum teilte und deren Gunst man sich durch Geschenke und Gaben aufrechtzuerhalten suchte. Dahinter steckt die Vorstellung, daß es dem Menschen nur so gut gehen kann, wie es um die vier Wände, mit denen er sich umgibt, bestellt ist. Das Haus ist ein Organismus voller Leben und Symbol für den Menschen selbst – und Qi ist sein »guter Geist«, um den wir uns bemühen müssen.
Das Qi des Hauses ist in dieser Anschauung das, was für uns Menschen die Luft zum Atmen ist, und ebenso wie wir Sauerstoff zum Leben benötigen, braucht unser Lebensraum Qi, um gutes Feng Shui zu haben.
Haben Sie schon einmal beobachtet, wie Kinder ein Haus zeichnen? In aller Regel wird auf ein Rechteck ein Dreieck als

Dach gesetzt, und in die Mitte der Fassade kommt eine Tür, links und rechts darüber je ein Fenster – das Haus scheint ein Gesicht zu haben! Dabei entspricht die Tür dem Mund und die Fenster den Augen. Tatsächlich können Häuser durch die Anordnung und Gestaltung der Fassaden (von französisch: *face* = »Gesicht«) den Eindruck erwecken, als blickten sie uns an: mal freundlich, mal gutmütig, mal verkniffen und manche gar mit ganz verzerrtem Gesichtsausdruck, wie einige moderne Häuser mit stark asymmetrischen Proportionen. Je näher ein Haus an die klassischen Proportionen eines Gesichtes herankommt, um so sympathischer erscheint es uns, weil es uns ganz offen seinen Charakter zeigt.

Ist bei einem Haus beispielsweise die Eingangstür für einen Herannahenden nicht einsehbar, erscheint es uns verschlossen und wenig einladend. Eine gutplazierte und großzügig gestaltete Tür ist hingegen ein architektonischer Willkommensgruß, dem man gerne Folge leisten wird. Im Feng Shui würde man dies so ausdrücken, daß eine einladende Eingangstür auch genügend Qi einlassen kann und damit die energetische Versorgung des Hauses gewährleistet. Da Qi Ihr Haus stets durch die Eingangstür betritt, ist dieser Bereich von entscheidender Bedeutung für das gesamte Feng Shui Ihres Hauses. Man könnte auch sagen: Wenn das Feng Shui Ihrer Haustür nicht in Ordnung ist, wird es auch wenig Sinn haben, sich um das Feng Shui der dahinterliegenden Räume Gedanken zu machen.

Deshalb: Fangen Sie stets beim Eingang an, wenn Sie sich entschließen, die Regeln des Feng Shui in die Tat umzusetzen.

Qi im Lebensraum: Grundregeln

Das Haus gleicht dem menschlichen Körper und muß wie dieser mit lebendiger Energie, mit Qi, versorgt werden. Dieses Qi ist an die Bewohner des Hauses gebunden – das Haus beeinflußt das Qi des Menschen, der Mensch das des Hauses.
Es soll sich ungehindert im Haus ausbreiten dürfen, wobei folgende Grundprinzipien gelten:

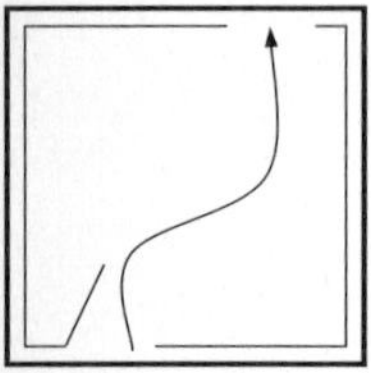

Grundregel 1: Qi verläßt einen Raum nicht an der Stelle, an der es ihn betreten hat, so wie ein Fluß auch nicht zurückfließen kann.

Dies drückt sich zum Beispiel darin aus, daß Qi durch Türen an der Vorderfront eintritt und sich seinen Weg durch das Haus bahnt, um in der Hauptsache an der Rückseite wieder auszutreten, etwa über eine Hintertür oder einfach durch ein Fenster.

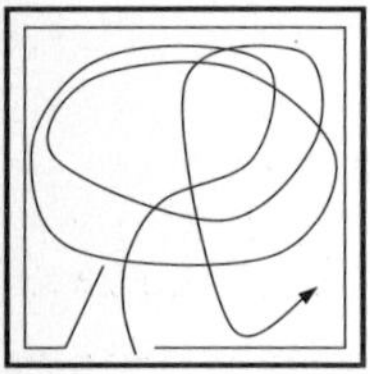

Es ist deshalb problematisch, wenn Qi zwar einen Raum betreten kann, aber keinen Ausgang findet, beispielsweise in fensterlosen Räumen vieler moderner Wohnungen, häufig Badezimmer und Toiletten. Da es nicht zurück kann, muß es sich stauen – und wird »sterben«.

Lösung: In aller Regel wird zwar gerade in Räumen, in denen sanitäre Anlagen untergebracht sind, Qi zum Beispiel über die Belüftung entlassen, doch fehlt der optische Reiz, der für uns Menschen so wichtig ist, um das Strömen des Qi als positiv zu erleben. Hier setzen folglich auch die meisten Lösungsvorschläge an: sie sorgen für einen visuellen Ausgleich, für fehlende Öffnungen in der Wand, etwa durch den Einsatz von Spiegeln (vergleiche Seite 75). In der Praxis ziehe ich jedoch ein Trompe-l'œil oder ein Landschaftsbild einem Spiegel vor (siehe auch Seite 84).

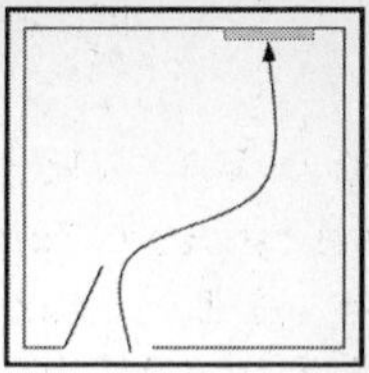

Grundregel 2: Qi darf nicht in seinem Fluß, der sich in aller Regel von der Tür zum Fenster in einer geschwungenen Kurve bewegen wird, behindert werden.

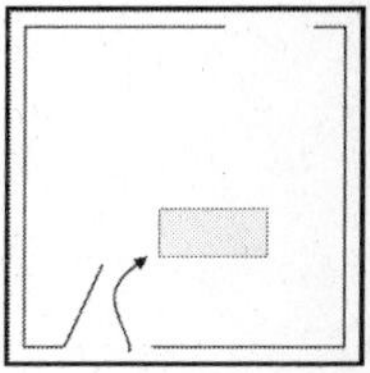

Durch die Plazierung von Möbeln und ähnlichem sollte Qi höchstens geleitet werden, damit es beispielsweise energetisch unterversorgte Orte eines Raumes erreichen kann.

Lösung: Es ist daher besser, bei Platzmangel Möbel mit abgerundeten Formen zu verwenden, die den Qi-Fluß um sich herumführen – wie Wasser einen rund geschliffenen Fels umspülen kann.

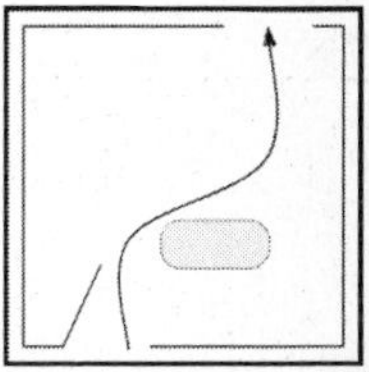

Grundregel 3: Plazieren Sie sich selbst niemals im Qi-Fluß, beispielsweise Ihr Bett, Ihren Arbeitsplatz, die Sitzgelegenheiten.

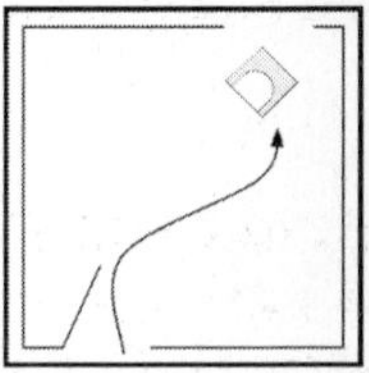

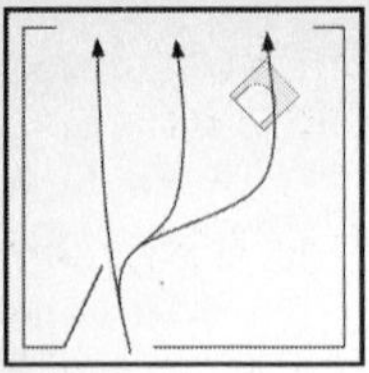

Wie bei einem Bach befindet sich die günstigste Zone am »Ufer« des Qi-Flusses, niemals aber im Qi-Fluß selbst. Dies kann sich als schwierig erweisen, wenn der Qi-Fluß durch eine großflächige Befensterung eine zu breite Ausgangsstelle vorfindet und dadurch keine geschützten »Uferzonen« zuläßt.

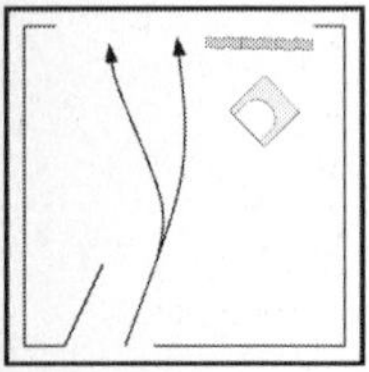

Lösung: Hier hilft Eindämmung und Lenkung des Qi-Flusses mit Hilfe von Barrieren, wie etwa Pflanzen, Paravents oder Vorhängen, die zwischen Ihnen und dem Fenster plaziert werden, so daß Sie geschützt sind und der Qi-Fluß umgelenkt wird.

Sha im Lebensraum

Folgende Situationen im und ums Haus sind typisch für Sha und sollten deshalb sorgfältig studiert werden:

Sha rings um das Haus

Wie weit entfernt?

Bevor ich auf einzelne Situationen eingehen möchte, die im Sinne von Sha auf unseren Lebensraum einwirken können, möchte ich eine häufig gestellte Frage beantworten: Wie weit muß eine Struktur entfernt sein, damit sie keine Bedrohung mehr darstellt?
Die Antwort ist für viele wahrscheinlich unbefriedigend, zeigt aber, daß Feng Shui nicht auf der Grundlage präziser Formeln oder gar vordefinierter Maßangaben funktioniert:

Entscheidend für die Distanz zwischen Quelle von Sha und Lebensraum ist der persönliche Eindruck.

Damit ist in erster Linie gemeint, daß die wichtigste Rolle hier Ihre eigene Wahrnehmung spielt, das heißt, wie bedrohlich eine Sha-Situation *auf Sie wirkt.* Insbesondere die Wahl eines Heilmittels oder einer Gegenmaßnahme hängt ganz erheblich davon ab, wie *Sie* die Sha Quelle erleben.
So mag ein Hochspannungsmast in zweihundert Meter Entfernung weitaus bedrohlicher empfunden werden als ein Laternenpfahl, der nur fünf Meter von Ihrem Haus entfernt ist. Richten Sie sich also in erster Linie nach Ihrem persönlichen Empfinden, beziehen Sie aber einfach die Eindrücke aller Bewohner eines Lebensraumes mit ein, und holen Sie sich vielleicht sogar noch Rat von Freunden und anderen Gästen in Ihrem Haus.

Hier nur ein paar Hinweise auf Situationen, welche die Kraft, die von Sha verursachenden Anordnungen ausgeht, prinzipiell schwächen und daher auch den notwendigen Abstand reduzieren können:

- Gewässer zwischen dem Lebensraum und der Sha-Quelle bilden einen natürlichen Schutz, insbesondere fließendes Wasser, da es die schädigenden Einflüsse wegspült.
  Bis zu einem gewissen Grad läßt sich dieser Gedanke auch auf eine Straße übertragen. Jedoch gilt hier, daß insbesondere vielbefahrene Straßen und Schnellstraßen wie Autobahnen selbst Sha erzeugen können, so daß Sie gewissermaßen den »Teufel mit dem Beelzebub austreiben«. Eine ähnliche Einschätzung kann auch für Eisenbahngleise getroffen werden.
- Sanfte Erhebungen der Erde wie Hügel, Dämme, Wälle.
  Entscheidend ist hier, daß solche Aufschüttungen, seien sie

natürlich oder künstlich, nicht zu einer Beeinträchtigung des Qi-Flusses führen dürfen, indem sie zu hoch, zu schroff oder zu unfreundlich gestaltet sind. Insbesondere an der Frontseite eines Hauses sollten solche Barrieren eher angedeutet sein und den Blick auf das Umfeld nicht versperren.
Ähnliches gilt für Mauerwerk und Strauchpflanzungen sowie Baumreihen. Gerade diese könnten wiederum Sha hervorbringen.

Gerade pfeilartige Strukturen: Wege und Straßen

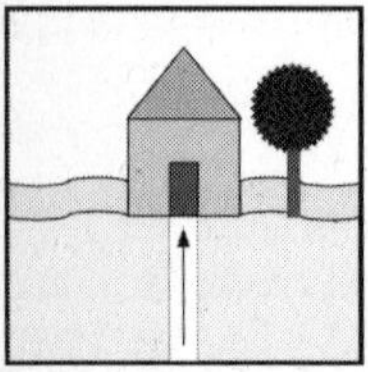

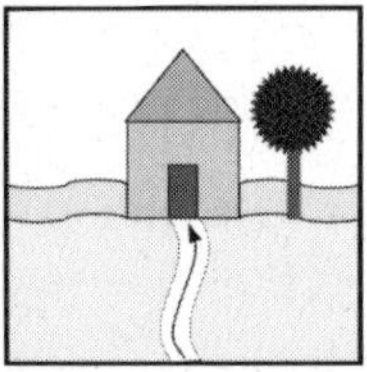

Wenn es sich zum Beispiel um den Weg handelt, der von Ihrer Gartentür zum Hauseingang führt, können Sie diesem Problem sehr gut Herr werden, wenn Sie den Weg umgestalten und den Besucher künftig in einer sanften Schwingung an das Haus heranführen.

Wenn Sie genügend Platz besitzen, können Sie den Weg in einen Kreis vor der Eingangstür münden lassen, in dessen Mitte Sie beispielsweise ein kleines Beet oder auch einen Pflanzenkübel stellen können. Dies ist auch eine gute Stelle für einen Findling oder eine kleine Statue, die als abwehrende Maßnahme eingesetzt werden kann.

Handelt es sich hingegen um eine Straße, die auf Ihre Haustür gerichtet ist, etwa weil sie am Ende einer Sackgasse, mit Blick auf eine T-Kreuzung oder eine ähnliche Situation wohnen, müssen Sie mit Sha abwehrenden Maßnahmen arbeiten.

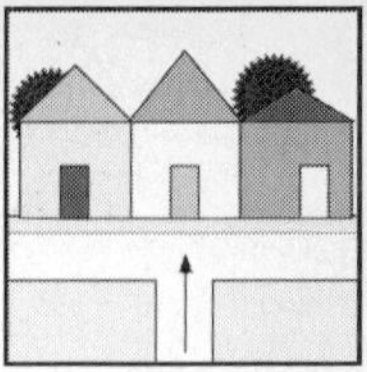

In vielen Büchern wird hier der Einsatz von Spiegeln an der Haustür empfohlen, die gewissermaßen die angreifende Energie zurückwerfen. Spiegel an den Außentüren sind in unseren Breiten jedoch unüblich und können auf einen Herannahenden irritierend wirken. Ich halte es deshalb für ratsam, zunächst auf andere reflektierende Mittel zurückzugreifen, etwa das blankpolierte Metall eines Namensschildes oder eines Türklopfers, wie sie im Abschnitt »Spiegel« auf Seite 75 dargestellt werden. Insbesondere symbolische Maßnahmen können äußerst effektiv sein, zum Beispiel das Anbringen von Wächterfiguren, wie man sie in vielen Gegenden findet, ob in Gestalt von Löwen oder ähnlichen schützenden Wesen (siehe auch Seite 83).
Wird nicht Ihre Eingangstür von solchem Sha angegriffen, sondern eines der Fenster, lassen sich in vielen Fällen Heilmittel einsetzen, welche die schädigende Energie in Qi umwandeln, beispielsweise Kristallfacettenkugeln in Fenstern oder Windräder in Blumenkästen (vergleiche Seite 64).

Ähnliche Situationen: Tunnel, Durchgänge oder Toreinfahrten, die auf Ihr Haus gerichtet sind. Auch Tiefgarageneinfahrten; Brücken, in deren Flucht sich Ihr Haus befindet; schmale Baulücken zwischen Häusern, die auf Ihr Haus zeigen; Überlandleitungen, Hochspannungsleitungen, Telefonleitungen.

Kanten von Häusern

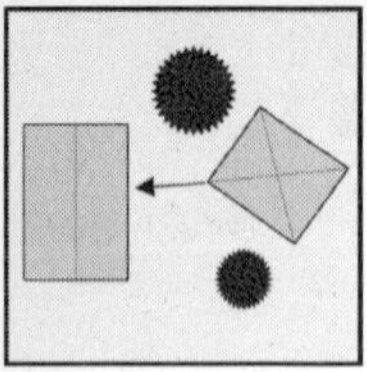

Zeigen die Kanten benachbarter Häuser auf das Haus, spricht man in der Bildersprache des Feng Shui von »Äxten«, die Ihren Lebensraum bedrohen. Auch hier gilt: Versuchen Sie zunächst durch umwandelnde Heilmittel die attackierende Energie umzuwandeln, bevor Sie Gegenmaßnahmen wie Spiegel oder ähnliches einsetzen.

Ähnliche Situationen: Balkone, Erker und andere architektonische Strukturen, die mit ihren Kanten auf Ihr Haus zeigen. Auch von waagrechten Kanten geht Sha aus, etwa von Dachkanten und -rinnen. Besonders bedrohlich wirkt die Seitenansicht einer Brücke, die das Haus horizontal schneidet, beispielsweise eine Eisenbahnbrücke, Autotrasse oder auch eine Fußgängerüberführung.

Senkrechte Strukturen

Beispielsweise Laternenmaste: Diese Art von Bedrohung wird mit der schneidenden Kraft eines Schwertes verglichen und ist insbesondere dann prekär, wenn sich der Mast unmittelbar vor einem Fenster befindet.

Neben den bereits angeführten Maßnahmen könnten Sie hier sehr gut mit den Kenntnissen aus der Lehre der Wu Xing oder Fünf Wandlungsphasen arbeiten (siehe dazu Seite 104), denn eine hohe, aufrechte Struktur wird der Wandlungsphase *Holz* zugeordnet, und wenn dieses Element zu einer Bedrohung wird, dann kann es durch die Wandlungsphase *Metall* kontrolliert werden. Sie könnten demnach in dem betroffenen Fenster ein rundes Element anbringen, etwa ein rundes Fensterbild, oder einen zur Kugel geschliffenen Stein auf der Fensterbank.

Ähnliche Situationen: Bäume unterbinden, wenn sie zu nahe am Haus stehen, vor allen Dingen die Versorgung des Lebensraumes mit Licht-Qi. Im Eingangsbereich kann dies besonders ungünstig sein. Auch: Säulen und Stützpfeiler, die beispielsweise Balkone oder Vordächer stützen; Antennen; Fahnenstangen; hohe Türme, seien dies Kirchtürme, Sendestationen, aber auch Fabrikschornsteine oder ähnliches. Eine temporäre Bedrohung kann von Baukränen und sogar von Maibäumen ausgehen.

Spitze Strukturen

Beispielsweise Vordächer: Manches Vordach über Eingangstüren in der Nachbarschaft stellt eine Bedrohung dar, wenn es sich um spitz in den Raum zulaufende Konstruktionen handelt. Diese Form des Sha wird mit gezogenen Dolchen assoziiert.

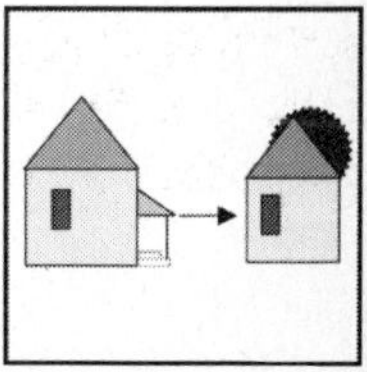

Ähnliche Situationen: Satellitenschüsseln; architektonische Besonderheiten, zum Beispiel hervorspringende Ecken, Dachkanten.

Sterbendes Sha

Alle Plätze, die im weiteren oder engeren Sinn mit dem Verlust von Lebensenergie zu tun haben, gehören in den Bereich der Bedrohung durch sterbendes Sha. Hier ist das oberste Gebot, dafür zu sorgen, dieser negativen Energie etwas Lebendiges oder auch Bewegtes entgegenzusetzen. Beispielsweise blühende Pflanzen auf Fensterbänken, Windräder, Mobiles, aber auch Zierbrunnen und Aquarien erzeugen den gewünschten Effekt.

Beispiele: Friedhöfe; Müllhalden; Parkplätze; Ruinen; dunkle Hinterhöfe; verwahrloste Grundstücke.

Sha im Haus

Wie Sie bereits wissen, tritt Qi zwar durch die Tür ein, wird aber den Raum niemals durch dieselbe Tür verlassen – es wird sich einen anderen Ausgang wählen, in aller Regel Fenster oder Türen an der dem Eingang gegenüberliegenden Wand. Man könnte sich vorstellen, daß Qi sich von Fenstern und Ausgängen im hinteren Bereich des Hauses magisch angezogen fühlt.
Bevor es jedoch den Raum verläßt, soll es sich unserem Wunsch nach erst einmal in allen Ecken »umsehen« und dort seine positiven energetischen Spuren hinterlassen; es soll gewissermaßen mindestens einmal im Raum zirkulieren, bevor es sich verabschiedet. Gelingt es nicht, Qi dazu einzuladen, seine Runde zu drehen, wird man mit folgenden Situationen konfrontiert, die Sha hervorbringen:

- Es entsteht pfeilartiges Sha in einem Raum, wenn Qi sogartig vom Eingang zum Ausgang beschleunigt und nicht dazu angeregt wird, sich rhythmisch zu entfalten. Denken Sie dabei an das Bild des Sturzbaches, welcher nicht nur keine fruchtbare Erde an seinen Ufern ablagern kann, sondern sogar noch jede letzte fruchtbare Erde an seinen Rändern mit fortspült.

- Es entsteht sterbendes Sha, wenn Qi zwar einen Eingang in den Lebensraum vorfindet, aber keinen Ausgang erkennen kann. Dies entspricht der bildhaften Situation des fauligen Tümpels, der von der Frischwasserzufuhr abgeschnitten ist.

In den nun folgenden Abschnitten möchte ich Sie mit den wichtigsten dieser Sha produzierenden Strukturen im Inneren eines Hauses bekannt machen und Ihnen zugleich sinnvolle Lösungsansätze vorstellen.

Lange gerade Wege

Problem: Ein langgestreckter Flur, insbesondere im Eingangsbereich, beschleunigt eintretendes Qi und bringt Sha hervor.

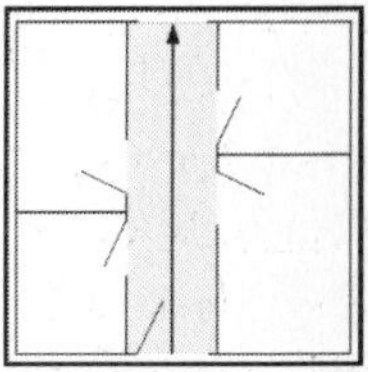

Lösung: Sie müssen Sha in Schwingung versetzen. In den nebenstehenden Abbildungen wird gezeigt, wie aus der geraden pfeilartigen Energie, welche das Haus entlang des Ganges förmlich entzweiteilt, sanft zwischen den Wänden pendelndes Qi wird.

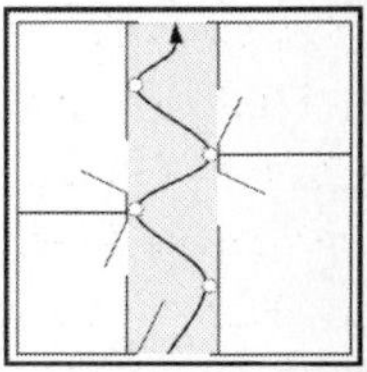

- Bietet der Flur genügend Platz, können Sie diesen Effekt durch geschicktes Plazieren von Möbelstücken, zum Beispiel von Schränken, Kommoden, Konsolen, erreichen. Denken Sie jedoch bitte daran, daß der Flur die »Hauptschlagader« Ihres Hauses ist und deshalb nicht verstopft wirken darf. Die Möglichkeit, dem Sha Barrieren aufzustellen, ist deshalb nur ratsam, wenn Sie nicht gleichzeitig den Raum mit Inventar ersticken.

- Verfügen Sie über unzureichenden Platz in Ihrem Flur, wählen Sie eine andere Methode: Führen Sie die Aufmerksamkeit des Eintretenden in die geschwungene Bewegung hinein, indem Sie dem Auge an abwechselnden Stellen einen Anziehungspunkt bieten, etwa in Form von Bildern, Konsolen mit dekorativen Gegenständen darauf, Blumenvasen und so weiter. Zusätzlich hat es sich bewährt, die Lichtführung in einem solchem Gang darauf auszurichten, also mal die linke, mal die rechte Wand anzuleuchten. Dies verhindert Monotonie und ermöglicht, an den entsprechenden Stellen positionierte Gegenstände ins »rechte Licht« zu rücken. Achten Sie jedoch darauf, daß auf Türen gerichtetes Licht weder den Eintretenden noch den Herausgehenden blendet – es genügt oft, den Boden unmittelbar vor den Türen ausleuchten, um den gewünschten Effekt zu erzielen. Nutzen Sie diesen Effekt insbesondere, um die Aufmerksamkeit eines Besuchers auf die Türen zu den Räumen zu lenken, zu denen er freien Zugang haben soll, während Sie Türen zu Privaträumen, zu Bad und WC im Dunkeln lassen sollten.
- Wenn es die Räumlichkeit zuläßt, können Sie die Länge eines Flures auch mit Vorhängen oder ähnlichem gliedern: Sie reduzieren gewissermaßen die Länge des Raumes auf kleinere Abschnitte und unterbrechen den Sha-Strom dadurch. Benutzen Sie je nach dem Bereich, den Sie abtrennen wollen, mal luftigere, einladendere Stoffe, dann wieder schwerere, blickdichte für Bereiche, die sie vom öffentlichen Verkehr geschützt wissen wollen. Auch die Bodenmusterung kann einen verkürzenden Effekt auf die Fluchtlinie des Sha in einem langen Flur haben: Vermeiden Sie längsgemusterte Teppiche oder Bodenbeläge oder der Länge nach ausgelegte Läufer. Querliegende Teppiche und Musterungen hingegen stauchen den Gang optisch.

Problem: Türen liegen in einer Flucht. Die Problematik dieser Anordnung von Türen wird vor allen Dingen durch Luft-Sha veranschaulicht: Hier herrscht Zugluft.

Lösung: Um Luft-Sha in Qi zu verwandeln, greifen Sie am besten auf die Hilfsmittel im Abschnitt »Luft-Qi-Heilmittel« auf Seite 68 zurück – insbesondere Klangspiele, die genau in der Mitte zwischen den aufeinanderfolgenden Türen aufgehängt werden, haben sich bewährt.

Problem: Tür und Fenster liegen in einer Flucht. Diese Situation findet sich recht häufig in Eingangsfluren: Genau gegenüber der Haustür befindet sich ein Fenster am anderen Ende des Ganges. Dies beschleunigt den pfeilartigen Energiefluß und macht den Flur zu einem reißenden Strom, der im wahrsten Sinne des Wortes kaum mehr zu überqueren ist: Die Bewohner auf der einen Seite des Flures werden sich mit den Bewohnern auf der anderen Seite nicht verstehen.

Lösung: Der erste Schritt könnte darin bestehen, das Fenster als Ausgang zu blockieren,

- etwa durch einen Vorhang, aber auch durch dicht wachsende Topfpflanzen, wie eine im Fenster hängende Ampel mit Asparagus. Zusätzlich können auf der Fensterbank neutrale Steine plaziert werden, zum Beispiel einfache Kiesel: Diese symbolisieren gewissermaßen einen Wall. Auch jedes andere Symbol, welches Einhalt gebietend wirkt, ist geeignet, eventuell auch Statuen von schützenden Gottheiten. Achten Sie jedoch darauf, daß die Dekorationen nicht zu sehr die Aufmerksamkeit des Eintretenden beanspruchen – sonst erzielen Sie genau den gegenteiligen Effekt.

- Einen besonderen Effekt haben quer zur Laufrichtung des Ganges gelegte Teppiche, sogenannte »Brücken«, die ihrem Namen alle Ehre machen, wenn sie zwischen gegenüberliegenden Türen einen Verbindungsweg herstellen und zugleich den Sha-Strom unterbrechen.

Ecken und Kanten im Raum

Problem: Möbel mit scharfen Ecken und Kanten.

Lösung: Ob es sich um Tische, Kommoden, Schränke oder horizontal schneidende Regalbretter handelt, von denen Sha ausgeht – die einfachste Lösung besteht darin, sich selbst im Raum so zu plazieren, daß man nicht davon betroffen wird, oder entsprechende Möbelstücke durch solche mit abgerundeten Kanten und Ecken zu ersetzen. Entscheidend für den Grad der Bedrohung ist in erster Linie die Proportion des Raumes: Größere Räume vertragen eine Menge mehr an Sha als kleinere, so daß ein Regal in drei Meter Entfernung ein geringeres bis gar kein Problem darstellen dürfte im Vergleich zu einem, das sich zwanzig Zentimeter hinter Ihrem Rücken auftürmt. Auch die Materialien spielen eine gewisse Rolle: so werden Ecken und Kanten aus Metall oder Glas als wesentlich aggressiver erlebt als solche aus Holz.
Bei Regalen sollte noch erwähnt werden, daß der Gesamteindruck entscheidet, denn wenn das Regal aufgrund der dichten Besetzung mit Büchern eher wie eine Wand wirkt und daher die einzelnen Bretter optisch nicht mehr ins Gewicht fallen, entfällt der Effekt des in den Raum hineinschneidenden Sha.

Problem: Kanten von Mauervorsprüngen, beispielsweise dort, wo sich der Kamin eines Hauses befindet.

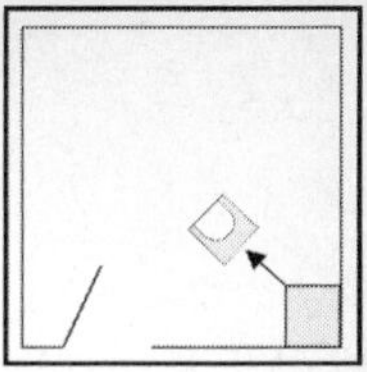

Lösung: Greifen Sie je nach vorherrschender Qi-Form (vergleiche Seite 52) auf ein entsprechendes Heilmittel zurück, und hängen oder stellen Sie es so auf, daß es genau vor der Kante plaziert ist.
Wenn es sich aufgrund der architektonischen Gegebenheiten machen läßt und es sich mit der Idee des Raumes verträgt, können Sie auch ein mit der Kante abschließendes Regal oder einen Schrank an die zurückgesetzte Wand anbringen, so daß die Unregelmäßigkeit durch funktionelle Einrichtung eingeebnet wird.
Möglich ist auch der Einsatz von Spiegeln und anderen visuellen Elementen wie Bildern, um den Mauervorsprung optisch zurückzusetzen. Siehe hierzu: Seite 76 über den Verdoppelungseffekt von Spiegeln und Seite 83 für Alternativen zu Spiegeln.

Säulen und Stützbalken

Problem: Säulen schneiden senkrecht in den Raum.

Lösung: Hier bietet sich wahrscheinlich am ehesten eine Grünpflanze als Lösung an. Selbst eine runde Säule kann problematisch wirken und sollte ausgeglichen werden. Abzuraten ist in Wohnungen und Häusern von einer Verspiegelung von Säulen und anderen tragenden Elementen, wie es oftmals in Kaufhäusern anzutreffen ist: Da die Säule ja Inbegriff der, im wahrsten Sinne des Wortes, Aufrechterhaltung des Hauses ist, würde das unmotivierte Verschwinden der Säule irritieren und verunsichern.

Offenliegende Deckenbalken

Problem: Deckenbalken schneiden waagrecht in den Raum und drücken das Qi nach unten – die Bewohner stehen so gesehen permanent »unter Druck«.

Lösung: Früher pflegte man die Zwischenräume der Holzbalken an Decken zu füllen und zu verputzen. Heute bemüht man sich, diese aus einer falsch verstandenen Nostalgie heraus freizulegen. Wenn sich eine Auffüllung der Zwischenräume nicht als Option anbietet, sollte man wenigstens darauf verzichten, Holzbalken ungetüncht zu lassen, so daß sie sich nicht auch noch von der übrigen Decke abheben. Ideal ist der Ausgleich durch eine Deckenbespannung aus Stoff zwischen den Balken, hinter der Sie die Beleuchtung anbringen: So erzeugen Sie zugleich ein sanftes, gestreutes Licht im Raum.
Im übrigen ist es ratsam, Möbelstücke wie Sessel, Stühle, Tische oder Betten nicht unter einem solchen Balken zu plazieren.

Ähnliche Situationen: Stahlbetonträger, entlang der Decke verlegte Rohre; in manchen Fällen sogar zu auffällig wirkende Stukkatur.

Das richtige Klima schaffen

Bevor Sie daran gehen können, Heilmittel zur Abwehr von ungünstigen Einflüssen auf Ihren Lebensraum einzusetzen, sollten Sie Ihren Blick auf die gegenwärtige Situation des Qi in Ihrer Wohnung richten.
Jedes Heilmittel benötigt Qi, um überhaupt seine Funktion entfalten zu können. Wenn in Ihrem Haushalt ein Mangel an Qi besteht, können die besten Lösungsvorschläge gegen Sha zum Scheitern verurteilt sein: wie das Rad einer Mühle Wind oder Wasser, benötigen sie Qi, um in Gang zu kommen.
Dabei muß man fünf Formen von Qi unterscheiden, die zusammen das *Klima* Ihres Lebensraumes bilden: Licht, Wärme, Luft, Wasser sowie die Energie, die von den Bewegungen der Bewohner selbst ausgeht.
Wenn Sie die folgenden Ratschläge beherzigen, optimieren Sie nicht nur das Klima Ihres Lebensraumes, Sie erhöhen zugleich auch seine »Immunabwehr«. Das heißt, Sie machen Ihren Lebensraum fit darin, sich besser gegen schädigende Einflüsse zu wehren, auch ohne gleich »medizinische« Maßnahmen ergreifen zu müssen.
Zunächst ein Blick auf die fünf Grundformen des Qi:

Die fünf Formen des Qi

Man unterscheidet fünf Formen von Qi, die den Lebensraum mit Energien unterschiedlicher Qualität versorgen und mit denen man bei der Verbesserung des Klimas des Lebensraumes arbeiten kann.

Licht-Qi bezieht sich auf die künstliche und die natürliche Beleuchtung des Lebensraumes. Licht-Qi verkörpert dabei eine Bewegung nach oben, so wie Pflanzen sich am Licht orientieren und in die Höhe wachsen.

Wärme-Qi sorgt für den Ausgleich der Temperaturschwankungen während des Jahres in Form von Wärmestrahlung. Wärme-Qi verkörpert die Bewegung von innen nach außen, wie die Strahlen, die von der Sonne oder einem Heizkörper ausgehen.

Luft-Qi sorgt für Reinigung und Belebung des Feng Shui eines Hauses. Es transportiert neben Sauerstoff auch Klänge und Düfte. Dabei bewegt es sich von außen nach innen, wie der Wind, der durch die Öffnungen in das Innere des Hauses eindringt.

Wasser-Qi hat mit der Wasserversorgung des Hauses ebenso zu tun wie mit der Entsorgung von Unrat über die Kanalisation. Es reguliert die Feuchtigkeit des Lebensraumes. Dieses Qi verkörpert die Bewegungsrichtung nach unten, da Wasser stets dem Gefälle nach unten folgt.

Bewegungs-Qi ist gebunden an die Bewohner eines Hauses: es wird über ihre Bewegungen in das Haus hineingetragen, verteilt und wieder hinaustransportiert. Die Bewegungsrichtung dieses Qi erfolgt seitlich nach allen Richtungen.

Alle fünf Qi-Formen sind unauflöslich miteinander verwoben: Licht-Qi hat eine enge Verwandtschaft mit Wärme-Qi – beide werden unmittelbar von der Sonne hervorgebracht. Luft-Qi arbeitet wiederum eng mit Wärme-Qi zusammen – es gleicht in den Sommermonaten die Hitze mit kühlender Luftbewegung aus. In der Luft wiederum wird Wasser-Qi in Form von Luftfeuchtigkeit im Raum verteilt. Mittelpunkt aller Prozesse ist jedoch das Qi der Bewohner eines Lebensraumes: Sie gestalten das Klima aktiv durch die Einrichtung eines Haushaltes und werden zugleich von diesem Klima beeinflußt.

Im folgenden geht es um allgemeine Richtlinien, um mögliche Schwächen bei den einzelnen Qi-Formen zu beheben. Einige Ratschläge sind vielleicht nur für diejenigen interessant, die ein Haus planen oder auf der Suche nach einer neuen Wohnung sind. Wenn Sie beispielsweise nichts an der Installation Ihrer Heizung verändern können, ist bei Ihnen jedoch keineswegs

»Hopfen und Malz verloren«: Bereits die Umsetzung der machbaren Vorschläge beeinflußt das Klima so günstig, daß Sie an Energie und Kraft gewinnen, um Ihre Ausgangsbedingungen für weitere Veränderungen erheblich verbessern zu können.

Licht-Qi

Ideales Licht-Qi ...

... kommt stets von oben.
... verteilt sich gleichmäßig über den Raum.
... erzeugt Schatten.
... leuchtet weiß und warm.

Licht-Sha entsteht, wenn ...

... Licht von der Seite oder von unten kommt (Blendung).
... der Kontrast zwischen Hell und Dunkel zu groß ist.
... zuwenig Licht einen Raum düster und bedrohlich macht.
... zuviel Licht einen Raum ungeschützt und ungeborgen erscheinen läßt.

So verbessern Sie Licht-Qi: Zu dunkle Räume müssen über genügend künstliche Beleuchtung verfügen. Zu helle Räume benötigen ausreichend Möglichkeiten zur Beschattung durch Vorhänge, Jalousien, Rolläden und so weiter.
Vermeiden Sie Punktstrahler, Spots, aber auch nackte Glühbirnen als Grundbeleuchtung. Benutzen Sie stets Lampenschirme und mattierte Birnen. Deckenfluter und anderes indirektes Licht auf die Decke ist ideal, um den Raum in ein sanftes, gleichmäßiges Licht zu tauchen, darf aber nicht blenden!
Vermeiden Sie frontale Beleuchtung oder Beleuchtung von zwei Seiten: Ohne Schatten verlieren die Dinge ihre Plastizität

und wirken leblos. Lassen Sie ganz bewußt dunkle Winkel und schattige Plätze in Ihrem Lebensraum stehen, denn Schatten steht auch für Schutz und Geborgenheit.
Herkömmliche Glühlampen erzeugen ein Licht, das einen hohen Rotanteil besitzt, und sind demnach generell im Wohnraum einsetzbar. Vermeiden Sie Leuchtstoffröhren mit neutralweißem Licht, und setzen Sie sogenannte Vollspektrallampen nur dort ein, wo Sie überhaupt kein Tageslicht haben, etwa in fensterlosen Räumen.
Tauschen Sie defekte Glühbirnen und flackernde Leuchtstoffröhren unbedingt sofort aus!
Heilmittel, die mit Licht-Qi arbeiten, finden Sie ab Seite 65.

Wärme-Qi

Ideales Wärme-Qi ...

... ist Strahlungswärme, zum Beispiel Sonnenstrahlung: Sie bewegt die Luft nicht und wird erst spürbar, wenn sie auf einen Körper trifft.

Denken Sie an die wohltuende Wärme eines sonnigen Wintertages in den Bergen: das Gefühl der Wärme entsteht unmittelbar auf der Haut – das merken Sie spätestens dann, wenn die Sonne kurzzeitig hinter den Wolken verschwindet und sofort die kalte Luft spürbar wird.

... breitet sich zentral aus und steigt auf.

Wärme-Sha entsteht, wenn

... sich in einem Raum entweder die Hitze staut oder nicht gehalten wird.

... Wärme von Luft in eine Richtung transportiert wird (Konvektion), zum Beispiel Wüstenwind, Föhn.

Dieses Prinzip ist in der Natur selten anzutreffen, und dort, wo es uns begegnet, empfinden wir es als eher unangenehm, denn wir empfinden bewegte Luft eigentlich als kühlend. Konvektion wirbelt Staub auf und verursacht so eine kontinuierliche Luftverschmutzung.

... wenn ein zu großer Temperaturunterschied herrscht, beispielsweise an einem offenen Feuer.

So verbessern Sie Wärme-Qi: Gute Wärme im Sinne von Feng Shui erzielen Sie mit einer Heizung, die *wenig* Konvektion und *viel* Strahlung besitzt.
Die Wärme muß leicht zu regulieren sein, um sich den veränderlichen Verhältnissen der Jahreszeiten anzupassen.

- Ofenfeuer, zum Beispiel Kachelofen. Prototyp der Strahlungshitze im Raum. Ein guter verkachelter Grundofen macht Wärme faßlich und vermittelt ein Gefühl von Zentrierung im Haus. Er kann als Bezugspunkt für die Bewohner des gemeinsamen Lebensraumes werden und damit die Beziehung der Menschen untereinander stärken.
  Wenn sich nicht alle Räume beheizen lassen: Die Installation mehrerer Öfen ist notwendig, um eine gleichmäßige Wärmeversorgung zu gewährleisten.
  Zum Problem der Temperaturasymmetrie: In der Nähe des Ofens herrscht große Hitze, während zur Außenwand hin ein drastischer Temperaturabfall spürbar sein kann.

- Zentralheizung. Gute Regulierung der Temperatur und eine gleichmäßige Verteilung der Wärme im Raum sind möglich. Hoher Anteil an Konvektion: Radiatoren, zumeist unterhalb der Fenster angebracht, produzieren aufsteigende Warmluft, die sich abkühlt und über das Absinken ent-

lang der Wände im ganzen Raum verteilt wird (Luftumwälzung).
Verbesserung: Bringen Sie die Heizkörper an den Innenwänden an – diese wirken mit ihrer gesamten Fläche als Strahlungskörper.

- Fußbodenheizung. Besonders ungünstig. In der Natur liegt kalte Luft unten und darüber warme Luft. Kommt Wärme von unten, wird sie von der über ihr liegenden kalten Luft nach unten gedrückt: es entsteht eine »Inversionswetterlage« – kein Austausch zwischen den oberen und den unteren Luftmassen ist möglich, verbrauchte Luft kann nicht entweichen: »Smog« entsteht – ein Paradebeispiel für sterbendes Sha. Es wirkt auf die Bewohner eines Hauses beklemmend und macht sie auf Dauer gereizt und aggressiv.

- Sockelleistenheizung. Gute Proportion von Strahlung und Konvektion: Sie beschränkt die Konvektion auf den unmittelbaren Wandbereich. Dadurch werden die Wände erwärmt, die ihre Wärme wiederum als Strahlung in den Raum abgeben. Völlig unsinnig hingegen sind solche Heizkörper an Glasflächen, da Glas eine extrem schlechte Wärmeleitfähigkeit hat.

Heilmittel, die auf dem Prinzip des Wärme-Qi beruhen, finden Sie ab Seite 67.

Luft-Qi

Ideales Luft-Qi ...

... sorgt für einen kontinuierlichen Austausch von verbrauchter Luft.

Luft verringert die Schadstoffkonzentration in den Innenräumen, beseitigt Geruchsbelästigungen und verringert unangenehme Luftfeuchtigkeit (Schwüle).

... bewegt sich gleichmäßig durch einen Raum hindurch.

Luft-Sha entsteht, wenn ...

... in einem Raum Zugluft herrscht.

... in einem Raum die Luft zu stehen scheint.

So verbessern Sie Luft-Qi: Dieses Qi verbindet die Außenwelt mit der Innenwelt unseres Lebensraumes. Wird diese Zirkulation unterbrochen, stirbt es. Deshalb hängt Luft-Qi im wesentlichen von der Position und der Gestaltung der Öffnungen im Lebensraum ab, von der Frischluftzufuhr über Fenster und Türen. Abgesehen davon sollte das Haus insgesamt »atmen« können. Dies war in früheren Zeiten kaum ein Problem, da man mit luftdurchlässigen Materialien baute oder auf zusätzliche Isolierung verzichtete. Durch die Energiekrisen der siebziger Jahre herausgefordert, begann man mit der systematischen Abdichtung der Lebensräume. Zwar konnte dadurch der Energieverbrauch gesenkt werden – zugleich aber unterband man Luft-Qi und seine heilenden, reinigenden Fähigkeiten.

«Klimaanlagen« beispielsweise erzeugen prinzipiell ideale Bedingungen in einem Raum, bedingen jedoch Fenster, die sich nicht öffnen lassen. Unter anderem wird das Fehlen dieser persönlichen Einflußnahme auf das Innenraumklima für das sogenannte »Sick Building Syndrom« verantwortlich gemacht, wel-

ches bei den Betroffenen Kopfschmerzen, Depressionen, Ermüdung bis hin zu Atembeschwerden hervorrufen kann. Tatsächlich geht man davon aus, daß das Gefühl, eingesperrt zu sein, maßgeblich zu diesen Störungen in der Gesamtbefindlichkeit eines Menschen führen kann.
Das A und O der Luftverbesserung ist ausreichende Lüftung. Beispiel: Bei vollständig geöffnetem Fenster erzielen Sie einen kompletten Luftaustausch in einem Raum in ca. 15 Minuten, bei gekipptem Fenster erhöht sich der Zeitfaktor auf bis zu 3,5 Stunden. Jedoch sollte man Räumlichkeiten vor zu stark abkühlender Zugluft schützen, die rasch zu Gesundheitsproblemen führen kann. Türen ohne Schwellen sind deshalb problematisch, da der schmale Spalt unter den Türblättern wie eine Düse wirkt und einen ununterbrochenen Kaltluftstrom erzeugt.
Unsere Atemluft ist so belastet wie noch nie, und viele Gegenstände des täglichen Gebrauchs produzieren Schadstoffe, angefangen von Deckenvertäfelungen, Fußbodenbelägen, Schaumstoffen, Fotokopierern, Laserdruckern, aber auch Klebern, Farben, Plastiktüten bis hin zu Leuchtstiften und Korrekturflüssigkeiten, und natürlich der hochgiftige Tabakrauch. Neben regelmäßiger Lüftung empfiehlt sich der Einsatz folgender Pflanzen zur Entgiftung der Luft:

Echte Aloe	auch im Schlafzimmer
Banane	gut für Badezimmer
Bogenhanf	pflegeleicht!
Chrysantheme	pflegeleicht!
Drachenbaum	langlebig und robust
Efeu	halbschattiger, kühler Standort
Einblatt	gut im Badezimmer
Ficus benjamini (Birkenfeige)	empfindlich gegen Zugluft und Lichtfallwechsel! Tip: Kombinieren Sie ihn mit Efeu.
Gerbera	braucht hellen Standort, vor Hitze schützen!
Grünlilie	unkompliziert!
Philodendron	besonders gut im Wohn- und Arbeitsbereich
Schwertfarn	gut im Badezimmer

Pflanzen zur Verbesserung von Luft-Qi

Achten Sie in jedem Fall bei der Auswahl der Pflanze auf Form und Gestalt (Näheres hierzu auf Seite 66).
Luft-Qi transportiert nicht nur Sauerstoff, sondern auch Klänge und Düfte. Da diese als Heilmittel eingesetzt werden können, werden sie in einem entsprechenden Kapitel behandelt.

Heilmittel, die mit Luft-Qi arbeiten, finden Sie ab Seite 68.

Wasser-Qi

Ideales Wasser-Qi ...
... fließt: Es betritt den Lebensraum und verläßt ihn auch wieder.

Wasser-Sha entsteht, wenn ...
... Wasserleitungen undicht sind.
... Wasserleitungen verstopft sind und es zu Überschwemmungen kommt.
... wenn die Feuchtigkeit einen Raum nicht verlassen kann (Schimmelbildung).

So verbessern Sie Wasser-Qi: Einwandfreies Funktionieren von Wasserleitungen und Installationen ist unabdingbar für einen unproblematischen Qi-Fluß! Reparieren Sie *umgehend* tropfende Wasserhähne, verstopfte Rohre, undichte Leitungen. Lassen Sie hier keinen Kompromiß walten!
Luft-Qi transportiert besonders in Küche und Bad Wasser-Qi in Form von Dampf. Hier wie dort gilt deshalb, daß eine zu hohe Abdichtung der Wände zu einem Stau von Qi führen kann, der sich in Fäulnis und Schimmelpilzbildung äußert. Besonders problematisch ist das Waschen und Trocknen von Wäsche in Wohnräumen, auch in fensterlosen Kammern oder Bädern. Wo es nicht möglich ist, einen eigenen Hauswirtschaftsraum einzurichten oder an der Außenluft zu trocknen, sollte man ganz besonders auf eine konstante Lüftung achten.
Trockene, staubfreie Luft (zum Beispiel die Winterluft in den Bergen) ist am gesündesten für den Menschen. Verzichten Sie auf eine zusätzliche Luftbefeuchtung, denn die angeblich trokkene Heizungsluft der Zentralheizungen ist nichts weiter als besonders staubreiche Luft, wie im Abschnitt über »Wärme-Qi« be-

reits angesprochen wurde. Sorgen Sie statt dessen für eine ausreichende Belüftung.
Beachten Sie auch, daß Zimmerbrunnen und Pflanzen die Luftfeuchtigkeit in einem Raum erhöhen!

Heilmittel, die auf der Grundlage von Wasser-Qi arbeiten, finden Sie ab Seite 71.

Bewegungs-Qi

Bewegungs-Qi ...
... ist Ausdruck des freien und ungehinderten Zugangs zu allen wesentlichen Stellen im Lebensraum.
... äußert sich in sanft geschwungenen Wegen durch den Lebensraum.

Bewegungs-Sha entsteht, wenn ...
... die Bewegungen der Bewohner in gerade Bahnen oder um scharfe Ecken gezwungen werden, etwa durch lange gerade Flure, durch scharfkantige Möbel und so weiter.
... die Bewegungsfreiheit der Bewohner beschränkt wird, beispielsweise durch Unordnung, ungeschickt plazierte Möbel oder ähnliches.

So verbessern Sie Bewegungs-Qi: Unordnung ist ein sicherer Hinweis darauf, daß der Qi-Fluß in Ihrem Lebensraum nicht ungehindert fließen kann. Sorgen Sie in Ihrem Haushalt für genügend Möglichkeiten, um Ordnung zu halten: Stauräume in Nischen ausnützen, unterm Bett und so weiter.
Oftmals sind es alte und nicht mehr benutzte Dinge, die für einen Qi-Stau sorgen. Überlegen Sie: Von welchen Dingen

kann ich mich trennen? Welche Dinge möchte ich zwar behalten, kann sie aber problemlos verstauen? Scheuen Sie sich nicht, all Ihre Erinnerungen auf den Prüfstand zu stellen! Gutes Feng Shui hat schon oft damit begonnen, mit den Dingen aus der Vergangenheit aufzuräumen. Gerade wenn Sie schon länger mit dem Gedanken gespielt haben, sich neue Möbelstücke anzuschaffen: Nutzen Sie die Gelegenheit, und schaffen Sie erst einmal für das Neue Platz – denn damit wird auch der Qi-Fluß merklich zurückkehren.

Menschen gehen nicht gerne rechtwinklig ums Eck, sondern bevorzugen eine Kurve. Dies mag daran liegen, daß sich bei der Annäherung an ein solches Eck nicht einsehen läßt, wer oder was dahinter lauern könnte. Zugleich bedeutet es, den Bewegungsfluß abrupt um 90° zu wenden, der folglich für kurze Zeit unterbrochen werden muß. Auch Möbelstücke können hier ein Problem darstellen, wenn sie scharfkantig in den Raum hineinragen, beispielsweise die Kanten eines niederen Tisches oder die Ecken einer Kommode. Gibt es zuwenig Platz, um bequem diese Hindernisse zu umrunden, sollte man an entsprechender Stelle sich lieber für abgerundete und geschwungene Formen entscheiden.

Wie Sie wissen, entsteht Sha überall dort, wo Qi sich nicht rhythmisch entfalten kann. Ein langer gerader Weg, etwa durch einen schmalen Gang, ist das Paradebeispiel für diese Situation (vergleiche Seite 45). Ebenso aber sollten Sie auch in den Räumen selbst darauf achten, daß die Wege durch eine ungeschickte Plazierung der Möbel nicht zu »Rennstrecken« werden.
85 Prozent aller Umwelteindrücke nehmen Menschen über das Auge wahr. Es ist deshalb sehr wichtig, die Aufmerksamkeit der Menschen vor allem über optische Eindrücke für eine bestimm-

te Bewegungsrichtung zu gewinnen. In zweiter Instanz sollten alle anderen Eindrucksebenen (Hörsinn, Geruchssinn, Tastsinn) diesen ersten Eindruck stützen und fördern, damit er um so glaubhafter wird.
Wenn es gelingt, die Aufmerksamkeit eines Menschen zu lenken, lenkt man auch den Fluß von Qi in einem Lebensraum. Da diese Lebensräume Räume für Menschen sind, ist diese Art des Qi tatsächlich die wichtigste Form – und wenn Ihnen auch möglicherweise an anderen Stellen des Hauses aufgrund von vorgegebener Architektur oder fest eingebauten Installationen die Hände gebunden sind: Sie können sich mit einer geschickten Gestaltung der Räume und einer interessanten Wegführung von einem »Augenfänger« zum anderen, wie Bildern, Blumen, Licht, Dekorationen, dem Optimum zu guter Letzt doch noch nähern.

Heilmittel, die mit Bewegungs-Qi arbeiten, finden Sie ab Seite 72.

Mit Heilmitteln Sha umwandeln

Überall dort, wo Sie sich Sha ausgesetzt fühlen, aber nicht in der Lage sind, dies unmittelbar zu verändern (etwa weil es sich um architektonische Strukturen außerhalb Ihres Einflußbereiches handelt), können Sie sogenannte Heilmittel anbringen. Diese haben im Gegensatz zu richtigen Abwehrmaßnahmen den Vorteil, daß sie die im Sha vorhandene Energie nutzen, sie zerstreuen und in Qi umwandeln.
Jedes Heilmittel bezieht sich dabei auf eine der bereits vorgestellten Qi-Formen in Ihrem Haus und muß mit dieser in Verbindung gebracht werden.

Mit Licht-Qi aktivierte Heilmittel

Prismen

Immer häufiger finden geschliffene Glasprismen im Feng Shui Anwendung, obwohl sie nicht zu den klassischen Heilmitteln gehören. Sie sind jedoch hervorragend geeignet, Sha umzuwandeln, weil sie Lichtstrahlen, welche auf sie treffen, in die Farben des Regenbogens aufbrechen.

Da sie Licht benötigen, um aktiviert zu werden, sollten sie einen Platz am Fenster erhalten und können dort ausgezeichnet von außen nach innen gerichtetes Sha verwandeln (zum Beispiel der Anblick eines Laternenmastes).

Diese Prismen sind in verschiedenen Formen erhältlich, bevorzugen Sie jedoch kugelförmige oder in Tropfenform geschliffene Kristalle. Die Größe spielt dabei überhaupt keine Rolle.

Natürlich kann man diesen Effekt auch mit künstlichem Licht nutzen – bestes Beispiel sind die Kronleuchter.

Spiegelkugeln

Einen ähnlichen Effekt erzeugen Kugeln, die mit winzigen Spiegelstücken ringsum besetzt sind («Disko-Kugeln«), die es ebenfalls in allen Größenordnungen gibt. Auch sie zerstreuen das Licht in alle Richtungen und lassen winzige Lichtpunkte an den Wänden wie Sterne tanzen.

Ihr Nachteil ist natürlich, daß sie sich nicht problemlos in jeden Wohnstil einfügen lassen, können jedoch etwa in Jugendzimmern eine besondere Attraktion darstellen.

Diese Spiegelkugeln lassen sich besonders gut mit künstlichem Licht kombinieren und sind daher geeignet, Sha im Innenraum, etwa durch hervorspringende Ecken, zu zerstreuen.

Fensterbilder

Dekorative Bilder aus Glas oder auch aus anderem transparentem Material im Fenster beziehen das Tageslicht ein und erzeugen eine individuelle Atmosphäre. Auch sie brechen das Licht in Farben auf, betonen sogar über die Wahl der Formen und Motive bestimmte Themen besonders und sorgen so zusätzlich für symbolischen Schutz. So mag das Bild eines Löwen oder ähnliches den Aspekt der Stärke gegen von außen auf Ihren Lebensraum gerichtetes Sha verstärken (vergleiche Seite 227).

Je individueller die Gestaltung eines solchen Fensterschmuckes ausfällt, um so besser, deshalb wäre es am geeignetsten, wenn Sie die Fensterbilder selbst herstellten.

Pflanzen

Auch Pflanzen, und hier insbesondere kleinblättrige Grünpflanzen, sind ein geeignetes Mittel, um angreifendes Sha zu zerstreuen. Als Vorbild dient hier das bewegte Spiel von Licht und Schatten, wenn sich die Strahlen der Sonne in den Zweigen der Bäume fangen.

Beispiele: Efeu, kleinlaubige Philodendren, Tradeskantie (»Ampelkraut«), Palmfarngewächse, Columnea, Asparagus (Federspargel), Ficusarten, Tüpfelfarn und andere kleinblättrige Farngewächse wie Moosfarn, Granatapfelbaum, Citrusbaum und ähnliches.

Auf Fensterbänken plaziert bieten sie – je nach Größe – in vielen Fällen auch einen hervorragenden Sichtschutz gegen Sha von außen – eine natürliche Blockade, welche die schädliche Energie gewissermaßen filtert und in Qi verwandelt.

Achten Sie bei Pflanzen stets auf die Form sowohl der Blätter als auch des gesamten Erscheinungsbildes. Generell gilt: Pflanzen mit lanzettförmigen, spitz zulaufenden Blättern erzeugen Sha. Sie sollten nur dann in Zimmern aufgestellt werden, wenn für sie genügend Platz zur Verfügung steht, so daß sich die schneidende Wirkung der Blattspitzen verflüchtigt. Ungeeignet sind sie neben Sitzplätzen und anderen Aufenthaltsorten des Menschen.

Beispiele: Oleander, Fingeraralie, Flamingoblume, einige Philodendren, Zimmerkalla, Ananasgewächse, die meisten Liliengewächse, Grünlilie, Schildblume, Drachenbaum, Schlangenbart, Bogenhanf, viele Palmenarten wie Zwergpalme, Dattelpalme, Agavengewächse, Kakteen, Aloe und ähnliches.

Pflanzen mit breiten, runden Blättern, ebenso nicht stachelige (!) Sukkulenten sind dagegen kein Problem.

Beispiele: Dieffenbachie, Fensterblatt, Pfeilwurzgewächse, Gummibäume, Bananengewächse, Steinbrechgewächse, Mittagsblumen, Dickblattgewächse wie »Geldbaum« und ähnliches.

Mit Wärme-Qi aktivierte Heilmittel

Kerzen, Öllampen

Kerzen sind gewissermaßen die gezähmte Variante der ursprünglichen Kraft des Feuers und zählen deshalb zu denjenigen Heilmitteln, die sich Wärme-Qi zunutze machen. Dabei wird angreifendes Sha sinnbildlich in der Flamme verbrannt und in Licht umgewandelt: Feuer hat eine reinigende und transformierende Kraft. Das lebendig wirkende Flackern der Flamme ist

besonders gut geeignet, um in energetisch unterversorgten Winkeln dort haftendem Sha neue Kraft zu geben und es in Qi zu verwandeln.
Kerzen und ähnliches haben den Vorteil, daß sie sich nahezu beliebig im Haus einsetzen lassen, etwa auf der Fensterbank, auf Tischen, Konsolen und Kommoden. Zusätzlich kann die Auswahl der Farbe weitere symbolische Kräfte aktivieren.
Hängende Öllampen haben sich zum Beispiel als hervorragendes Heilmittel erwiesen, um Sha, welches von Mauerkanten ausgeht, zu transformieren.

Salzlampen

Diese in letzter Zeit sich immer größerer Beliebtheit erfreuenden Lampen aus transparentem Steinsalz erzeugen ein sanftes Leuchten in mal lichteren, mal dunkleren Orangetönen und erinnern an das Feuer im Inneren der Erde. Auch wenn sie nicht wirklich wärmen, vermögen sie Zimmer in eine warme Atmosphäre zu tauchen.
Setzen Sie Salzlampen an Stellen in Ihrem Lebensbereich ein, die Ihnen unbehaglich und leblos erscheinen. Ähnlich dem Schein von Kerzenflammen aktivieren sie diese Bereiche und sind deshalb eine gute Alternative zu offen brennendem Feuer.

Mit Luft-Qi aktivierte Heilmittel

Mobiles

Das Mobile ist wohl das bekannteste Heilmittel, das durch Luft-Qi angeregt wird, und ist über die ganze Welt verbreitet. In den süddeutschen Gegenden hieß es »Unruh« und hatte seinen festen Platz in den Stuben der Bauern, die magische Kräfte damit verbanden: So sagte man, daß die Unruh stets in Bewegung sein müsse, und wenn sie stillstand, hieß es »die Hex'« sei im Haus. Auch wenn ein böser oder neidischer Mensch das Haus betrete, würde die Unruh auf der Stelle stehenbleiben.

Aus der Sicht des Feng Shui erkennt man deutlich, daß das Mobile ein Indikator für den Qi-Fluß ist. Vom Prinzip her verwirbelt es eintreffendes Sha und zerstreut dieses. Es kann daher ähnlich wie ein Prisma eingesetzt werden.

Wird es in einem Winkel des Zimmers angebracht, dient es auch der allgemeinen Belebung des Qi.

Mobiles gibt es in unterschiedlichen Farben und Formen, darunter auch sehr moderne und filigrane, die zu jeder Einrichtung passen. Durch die Auswahl entsprechender Modelle läßt sich auch symbolisch die Qualität des Qi verbessern: So könnten beispielsweise Fische auf Wohlstand und Fruchtbarkeit verweisen, Vögel auf die »Flügel der Phantasie« und so weiter.

Windrad

Während Mobiles aufgrund ihrer feinen Bewegungen eigentlich nur für den Innenbereich in Frage kommen, lassen sich mit Hilfe von Windrädern auch außerhalb des Hauses positive Wirkungen erzielen. So können sie auf Balkonen, im Blumenbeet oder in Blumenkästen angebracht und auf die Quellen von Sha gerichtet werden. Ihr Prinzip ähnelt dem des Mobile: Sie verwirbeln ankommende Luft und versetzen so ankommendes Sha in kreisförmige Schwingung, verwandeln es also in Qi.

Auch Windräder gibt es in vielen, auch ausgefallenen, Formen und Farben zu kaufen. Natürlich sind sie selbstgemacht eine besondere Bereicherung des Lebensraumes.

Klangspiel

Auch das Klangspiel, meist ein aus mehreren, an einem runden Holz aufgehängten metallischen Klangröhren bestehendes Instrument, gehört zu den vom Luft-Qi abhängigen Heilmitteln, weswegen es – entgegen der Ansicht manch anderen Autors – keinen Sinn macht, wenn es an einem windstillen Ort hängt. Denn: der Sinn eines Klangspiels ist es zu klingen – dies kann es aber nur, wenn es bewegt werden kann, zumindest potentiell. Es ist daher stets so zu plazieren, daß es gewissermaßen im Luftzug liegt. (Klangspiele können natürlich auch durch das Bewegungs-Qi des Menschen aktiviert werden, indem man sie so aufhängt, daß sie beispielsweise durch das Öffnen einer Tür bewegt werden.)

Klänge sind ein uraltes Mittel zur Vertreibung von bösen Geistern – insbesondere der Glockenton soll alles Übel abweisen, ja die Glocke selbst soll in der Lage sein, Blitze zu »brechen«. Klangspiele vermitteln diese Wirkung und sind besonders gut geeignet, pfeilartiges Sha zu zerstreuen, wie es sich zum Beispiel in Windstößen manifestiert. Sie können sowohl drinnen wie draußen eingesetzt werden.

Verwenden Sie am besten nur Instrumente mit metallenen und vor allen Dingen hohlen Stäben. Klangspiele aus Holz oder Bambus sind zwar nicht sinnlos, erzeugen jedoch nicht den Wohlklang, den wir mit Qi verbinden. Stellen Sie sicher, daß Sie niemanden mit dem Klingen Ihres Klangspieles stören, etwa wenn Sie es auf Ihrem Balkon oder Ihrer Terrasse anbringen. Besonders schön und wertvoll sind solche Instrumente, die auf bestimmte Planetenharmonien geeicht sind – dies ist jedoch prinzipiell kein Muß, zumal solche Klangspiele auch recht teuer sein können.

Düfte

Luft transportiert jedoch nicht nur Klänge und Töne, sondern auch Düfte – und diese können ebenfalls eingesetzt werden, um Sha zu zerstreuen, wenn Sie bedenken, daß auch stechende und beißende Gerüche ein Anzeichen für schädigende Energien sein können. Düfte binden Sha und verwandeln es in etwas Positives und Angenehmes.

Während im Garten und auf Balkonen blühende Pflanzen diesen Dienst leisten, können Sie im Innenraum auch auf Essenzen wie Öle, die sie in einer Duftlampe verwenden, zurückgreifen. Hier erzielen Sie zusätzlich je nach verwendetem Aroma bestimmte Wirkungen, von stimulierend bis beruhigend. Auch die inzwischen sehr beliebten Potpourris, bei denen getrocknete Blüten und Blätter in Körben oder Schalen als Duftträger dienen, sind hervorragende Mittel, da sie zugleich einen besonderen ästhetischen Reiz besitzen.

Räucherwerk und Räucherstäbchen hingegen sollten Sie eher sparsam und nur zu bestimmten Anlässen einsetzen, da sie eher in den Bereich der Abwehrmaßnahmen gehören.

Mit Wasser-Qi aktivierte Heilmittel

Zimmerbrunnen

Im modernen Feng Shui verwendet man gerne Zimmerbrunnen, um sich der Kraft des Wasser-Qi zu bedienen. Wichtig ist dabei, daß es sich um bewegtes, fließendes Wasser handelt, denn nur dieses steht im unmittelbaren Zusammenhang mit Qi.

Wie groß und wie aufwendig gestaltet solche Brunnen sind, hängt in erster Linie von den Proportionen des Zimmers und natürlich von Ihrem persönlichen Empfinden ab – ein großer Brunnen bedeutet jedoch nicht unbedingt ein Plus an Wasser-Qi.

Wasser-Qi repräsentiert die Kraft der Erneuerung und der Reinigung und kann deshalb sterbendes Sha beleben und in Qi umwandeln. Gleichzeitig bricht das Glitzern und Plätschern des fließenden Wassers angreifendes Sha.
Sie sollten einen Zimmerbrunnen stets am Laufen halten – ein stillstehender Brunnen würde auch das Innehalten des Qi-Flusses bedeuten. Durch besondere Gestaltung des Brunnens mit Pflanzen und verschiedenen Mineralien (vergleiche Seite 223) können Sie jedem Zimmerbrunnen eine individuelle Bedeutung geben und dadurch die Qualität des Qi gemäß Ihren Bedürfnissen beeinflussen.

Aquarien

Dies ist möglicherweise die klassischste Methode zur Förderung von Qi durch Wasser. Eigentlich handelt es sich um eine Kombination aus Wasser- und Bewegungs-Qi, letzteres wird durch das Hin- und Herschwimmen der Fische erzeugt.

Mit Bewegungs-Qi aktivierte Heilmittel

Da Bewegungs-Qi an den Menschen selbst gebunden ist, kommt den darauf bezogenen Heilmitteln eine ganz besondere Bedeutung zu. Ihre Aufgabe ist es, die Aufmerksamkeit des Menschen zu lenken und so seinen Weg im Sinne des Qi-Flusses zu dirigieren.
Im Grunde verfügt jedes der oben angesprochenen Heilmittel über ein gewisses Potential, die Wahrnehmung des Menschen zu führen: ein Klangspiel, ein Windrad, ein Mobile, ein Zimmerbrunnen – all diese Gegenstände ziehen unsere Blicke auf sich. Manche dieser Heilmittel bedürfen nachgerade der Bewegungs-

energie des Menschen, etwa wenn Sie ein Klangspiel so plazieren, daß es beim Öffnen einer Tür bewegt wird.
Man könnte allgemein sagen, daß alles, was sich bewegt oder leuchtet, besonders gut geeignet ist, menschliches Qi zu steuern: vor allem Licht übt eine besondere Anziehungskraft auf den Menschen aus, so daß er automatisch dunkle Orte vermeiden und sich auf hellbeleuchtete Plätze zu bewegen wird.
Alles, was Sie tun müssen, um Sha in Ihrem Haus über das Bewegungs-Qi des Menschen zu heilen, ist, die Aufmerksamkeit des Menschen anzuziehen und in die gewünschten Bahnen zu lenken. Da dies ein sehr weites Feld an Möglichkeiten zuläßt, bietet sich Ihnen gerade sehr vieles, Ihrer eigenen Kreativität zu folgen.

Bilder

Bilder, egal ob gerahmt oder als Poster, laden den Menschen zum Betrachten ein und ziehen ihn zu sich hin. Diesen Effekt können Sie vor allem dadurch verstärken, indem Sie die Bilder gesondert beleuchten. So werden sie zu richtigen »Magneten« für die Wahrnehmung.
Wählen Sie in diesem Sinn Motive, die als angenehm empfunden werden. Vermeiden Sie zu schrille Farben, zu harte Kontraste und zu abstrakte Formen. Auch eine mit Bildern überladene Wand kann einen eher irritierenden und dadurch abwehrenden Charakter haben. Porträts haben sich hingegen als weniger günstig in herausgehobenen Positionen herausgestellt, insbesondere wenn sie den Betrachter zu beobachten scheinen. Dies verursacht eher ein unbehagliches Gefühl.
Über Bilder zur optischen Erweiterung von Räumen und zur Korrektur von Unregelmäßigkeiten in Grundrissen erfahren Sie auf Seite 84.

Sie können auch Sha, das Ihren Lebensraum von außen attakkiert, mit einem gegenüber einem Fenster angebrachten positiven Bild ausgleichen, insbesondere bei sterbendem Sha. Hierzu empfehlen sich Darstellungen von hellen, sonnigen, vor allem wasser- und vegetationsreichen Landschaften, aber auch generell alles, was Leben und Dynamik ausstrahlt.

Skulpturen und andere Kunstgegenstände

Auffällig plaziert und gut ausgeleuchtet wirken solche Gegenstände wie Bilder anregend auf die Wahrnehmung des Menschen und ziehen seine Aufmerksamkeit an. Wenn Sie eine entsprechende Symbolik berücksichtigen, können Sie zusätzlich die Atmosphäre eines Raumes beeinflussen.
Achten Sie jedoch darauf, daß insbesondere abstrakte Figuren keine spitz zulaufenden Formen aufweisen oder andere scharfen Kanten, die als verletzend wahrgenommen werden könnten. Zur Abwehr von Sha aus der Umwelt sind Skulpturen nur bedingt geeignet, jedoch können Sie angreifende Energien durch einen symbolischen Gegenangriff abwehren, zum Beispiel durch die Statue eines Löwen. Im Anhang finden Sie ab Seite 218 einige Anregungen.

Blumengestecke

Sträuße, Gestecke und Gebinde aus Blumen sind wohl die einfachste Art, das Qi des Menschen zu beeinflussen: Ins richtige Licht gestellt, fangen sie den Blick des Menschen mühelos ein. Zudem haben sie mehrere Vorteile: Sie können aus der nahezu unbegrenzten Auswahl an Blumen und Blättern ganz nach Belieben immer wieder neue Kreationen zusammenstellen und schaffen so beständig Abwechslung in Ihrem Lebensraum, ob

als Arrangement in der Vase, als Blumenkranz oder Tischdekoration.
Ebenso können Sie aus der unerschöpflichen Fülle der floralen Symbolik schöpfen und damit dem Qi je nach Bedarf eine besondere Note verleihen – so macht es eben einen Unterschied, ob Sie die Aufmerksamkeit eines Menschen mit einem Strauß üppig blühender roter Rosen anziehen oder mit einem Bund Vergißmeinnicht gewinnen wollen.
Eine Übersicht über die wichtigsten Blumen und ihre Bedeutung finden Sie im Anhang auf Seite 218ff.
Form und Farbe der Vase bringen ebenfalls ein weiteres Gestaltungselement ins Spiel: hohe schlanke Vasen wirken vornehm und edel, während bauchige Modelle einen eher bodenständigen Charakter vermitteln.
Diesen Effekt können Sie natürlich wieder durch den Einsatz gezielter Beleuchtung verstärken.

Spiegel richtig einsetzen

Wo auch immer es um Feng Shui geht, kommt man mit Sicherheit irgendwann auf das Thema Spiegel zu sprechen: Sie sollen durch ihre universalen Eigenschaften unkompliziert und einfach sowohl Qi fördern als auch die meisten Situationen von Sha abwehren, was ihnen den Titel »Aspirin des Feng Shui« eintrug.

Spiegel im Feng Shui

Leider ist die Verwendung von Spiegeln nicht ganz so unproblematisch, wie allgemein angenommen wird, und Sie sollten deshalb vor dem Einsatz dieses Heilmittels folgende Grundsätze beachten.

Mit einem Spiegel verfügen Sie über mehrere Wirkweisen, die alle im großen und ganzen mit der Funktion des Licht-Qi zusammenhängen. Es ist deshalb ziemlich sinnlos, einen Spiegel in eine dunkle Kammer zu hängen, andererseits können Spiegel bereits bei schwachem Licht ihre Wirkung entfalten. Das beste Licht für Spiegel ist natürlich das Tageslicht, doch genügt in vielen Fällen schon der Einsatz von künstlicher Beleuchtung, um Spiegel zu »aktivieren«, beispielsweise in fensterlosen Räumen.
Der wichtigste und eigentlich selbstverständliche Grundsatz für den Einsatz von Spiegeln besteht darin, daß sie nur dann wirken können, wenn der menschliche Blick auf sie fallen kann. Dies heißt nicht, daß Sie sich selbst darin sehen können müssen, aber ein Spiegel muß so plaziert sein, daß Sie seine Fläche wahrnehmen können, so daß Sie zum Beispiel von reflektierten Bildern oder Landschaften profitieren können.
Die stärkste Auswirkung auf Ihr persönliches Wohlbefinden haben Spiegel, in denen Sie sich betrachten können: diese sollten deshalb mit besonderer Sorgfalt ausgewählt werden.
So wirken Spiegel im allgemeinen:

- Spiegel *reflektieren*, das heißt, sie lenken das eintreffende Licht zurück oder ab. Dadurch sind sie geeignet, sowohl eintreffendes Sha zurückzuwerfen als auch in Qi zu verwandeln, indem seine Richtung (mehrfach) abgelenkt und so in Schwingung versetzt wird. Sie können aber auch eingesetzt werden, um einen an Qi armen Platz zu aktivieren, genauso wie man einen Spiegel benutzen kann, um Licht an einen dunklen Ort zu lenken.
- Spiegel *verdoppeln* das Reflektierte und damit auch das Wahrgenommene und seine Wirkung. Es hängt also immer davon ab, was im Spiegel zu sehen ist – Sie bekommen es zweifach. Sie können sich so zum Beispiel eine schöne Aussicht in Ihre Wohnung »hereinholen«, andererseits vermeh-

ren Sie auch alle ungünstigen Einflüsse, die sich in ihm spiegeln. Besonders wichtig ist diese Funktion, wenn es darum geht, Räume größer erscheinen zu lassen oder Mauervorsprünge und ähnliches verschwinden zu lassen (vergleiche dazu Seite 86): Der reflektierte Raum erscheint als Erweiterung des bestehenden. Da auch Licht verdoppelt wird, eignen sich Spiegel zur Vermehrung von Licht-Qi und damit zur Aktivierung von Qi allgemein.

Wichtig: Beim Einsatz eines Spiegels in Ihren Wohnräumen haben Sie stets die reflektierende und die verdoppelnde Wirkung zugleich!

Insbesondere die Tatsache der Verdoppelung des Reflektierten wird häufig mißachtet, und so kann es passieren, daß Sie durch eine falsche Plazierung zwar bestehendes Sha zurückwerfen, zugleich aber sich im Spiegel sichtbares Sha vermehrt. Achten Sie deshalb stets darauf, was Sie im Spiegel sehen können, bevor Sie ihn plazieren.

Überhaupt sollten Sie in der Wohnung davon Abstand nehmen, Spiegel zur Reflexion von Sha einzusetzen, da durch die Ausrichtung der Spiegelfläche auf die Sha-Quelle diese zugleich in Ihrer Wohnung vermehrt wird. Etwas anderes dagegen ist die Anbringung solcher Spiegel *außerhalb* des Hauses: sie schützen das Innere vor eintreffender ungünstiger Energie. Der verdoppelnde Effekt des Spiegels konfrontiert die Sha-Quelle mit dem eigenen Anblick und vernichtet sie so.

Das bekannteste Beispiel ist die Plazierung eines Spiegels außen an der Eingangstür, um das angreifende Sha, etwa einer gerade auf das Haus zulaufenden Straße, zurückzuwerfen. (Vergleiche Seite 40) Insbesondere der sogenannte *Bagua-Spiegel* wird hier gerne empfohlen: Es handelt sich dabei um ein rundes Spiegelstück auf einem achteckigen Stück Holz, umgeben von den acht Trigrammen (Ba Gua) des I Ging in einer bestimmten Reihenfolge. Um jedoch von der allgemeinen Wirkweise eines Spiegels zu profitieren, ist es nicht unbedingt notwendig, auf dieses speziell chinesische Symbol zurückzugreifen.

Insgesamt aber rate ich davon ab, Spiegel überhaupt an oder über der Haustür anzubringen, denn:

- Spiegel können störende Reflexe erzeugen, je nach Einfall der Sonnenstrahlung. Wenn es nicht unmittelbar Ihr eigenes Anwesen betrifft, so könnten dennoch Ihre Nachbarn oder gar vorbeigehender oder -fahrender Verkehr dadurch geblendet werden. Aus diesem Grund ist bei der Plazierung mit äußerster Behutsamkeit vorzugehen – denn dies kommt dem willkürlichen Umlenken von Sha in die Umgebung gleich.
- Spiegel an Haustüren sind in unseren Breiten keine gewöhnliche Option der Fassadengestaltung. Damit aber verletzt ein solches Heilmittel die Grundregel der Schlichtheit (vergleiche Seite 20), welche besagt, daß sich Feng Shui dezent und unauffällig der Umgebung anpassen sollte. Dies spricht ganz besonders gegen die Verwendung des Bagua-Spiegels.

Was Spiegel also generell sowohl im Innen- als auch im Außenraum betrifft, sollten Sie stets bedenken, daß der übertriebene Einsatz von Spiegeln einen verheerenden Effekt auf das Feng Shui einer Wohnung haben und das Gleichgewicht völlig kippen kann, weil Qi wahllos und unkontrolliert durch die Räumlichkeiten geschickt wird – so wie Sie in einem Spiegellabyrinth die Orientierung verlieren. In meiner Praxis verwende ich Spiegel daher eher selten, und nur dann, wenn ich keine Alternativen einsetzen kann (siehe dazu Seite 83).

Wo sollte man keine Spiegel einsetzen?

Es gibt im Haushalt einige Bereiche, in denen Sie nach Möglichkeit von der Verwendung von Spiegeln absehen sollten. Dies gilt ganz allgemein für alle Räumlichkeiten, in denen Sie einen ruhigen, eher yin-orientierten Qi-Fluß erzeugen wollen, da Spiegel Qi aktivieren, also Yang-Qi erzeugen:

Im Schlafzimmer

Im Schlafzimmer sollten Spiegel eigentlich tabu sein, denn hier bewirken sie über die Aktivierung von Qi einen unruhigen Schlaf, schlechte Träume bis hin zur Schlaflosigkeit. Der chinesische Aberglaube verlieh diesem Umstand in der Erzählung Ausdruck, daß die Seele des Schlafenden sich zum Träumen erhebe und sich beim eigenen Anblick im Spiegel zutiefst erschrecke. Daher könnte ein Kompromiß darin gefunden werden, Spiegel im Schlafzimmer so anzubringen, daß Sie sich im Bett liegend nicht selbst sehen können. Dennoch bin ich der Meinung, daß man besser generell auf Spiegel in diesem Bereich verzichten sollte – mit einer Ausnahme: neben dem Bett eines kinderlosen Ehepaars aufgestellt, soll es bald zum gewünschten Kindersegen führen ... Natürlich sollte man dies nur als temporäre Maßnahme verstehen.

Problem: Was tun aber, wenn Sie einen jener Einbauschränke mit Spiegeln an den Türen in Ihrem Schlafzimmer besitzen?

Lösung: Während Sie bei der Neuanschaffung eines solchen Schranks Spiegel am besten an der Innenseite der Türen anbringen, ist es in so einem Fall unabdingbar, die Spiegelflächen zu verhängen, etwa mit einem Vorhang, oder ganz abzumontieren, wenn dies machbar ist. Wenn Sie diese Umstände scheuen, könnten Sie zunächst einmal die Spiegel provisorisch verhängen und beobachten, ob sich eine Veränderung bemerkbar macht. Vielleicht überzeugt Sie das Ergebnis davon, tiefgreifendere Vorkehrungen zu treffen.

Im Eingangsbereich

Von Spiegeln im Eingangsbereich wird oft gesagt, sie würden eintreffendes Qi wieder aus dem Haus reflektieren, während merkwürdigerweise Spiegel im Außenbereich diesen Effekt nicht haben und nur das schädigende Sha zurückwerfen. Das Rätsel löst sich, wenn Sie folgendes bedenken:

Stellen Sie sich vor, Sie öffnen die Tür zu einer Ihnen unbekannten Wohnung und das erste, was Ihnen begegnet, ist Ihr eigenes Spiegelbild! Natürlich werden Sie im ersten Moment eben nicht erkennen, daß Sie selbst es sind, mit dem Sie zusammenzustossen drohen, sondern Sie werden den Eindruck haben, daß sich Ihnen eine fremde Person auf Konfrontationskurs nähert. Bis Sie aber Ihre Täuschung begriffen haben, wurden Sie durch diese Schrecksekunde aus dem Gleichgewicht gebracht – und mit Ihnen das eintretende Qi. Deshalb sollten Sie auf Spiegel unmittelbar gegenüber dem Eingangsbereich verzichten. Außerhalb des ersten Blickes oder hinter dem Türblatt angebracht, stellen sie jedoch keine derartige Bedrohung dar.

Einem Spiegel jedoch, der an der Außenseite der Tür angebracht ist, nähert man sich nicht unvorbereitet, weil man ihn schon von weitem erkennt: Der unangenehme Überraschungseffekt entfällt.

Wie müssen Spiegel beschaffen sein?

Ein weiterer wichtiger Aspekt betrifft die Beschaffenheit eingesetzter Spiegel, denn wenn Sie ein so wirkungsreiches Instrument einsetzen, müssen Sie ganz besonders darauf achten, nicht durch mangelhafte oder ungeeignete Materialien eher das Gegenteil hervorzurufen.

Folgende Grundregeln gelten für Spiegel:

- Spiegel dürfen nicht beschädigt sein, sie dürfen weder gesprungen, gebrochen oder auch nur abgeblättert sein.
- Spiegel müssen stets sauber sein. Sie dürfen nicht beschlagen sein und auch nicht anderweitig verschmutzt; stets sollen sie ein perfektes Abbild erzeugen. Aus diesem Grund ist auch von Rauchglasspiegeln und ähnlichen nicht rein transparenten Gläsern abzuraten.

  Diesen Rat sollten vor allen Dingen diejenigen beherzigen, die im Sinne einer alten Feng-Shui-Tradition hinter den Herdplatten an der Wand einen Spiegel aufgestellt haben, um diese zu verdoppeln. Da die Feuerstelle mit dem Wohlstand eines Hauses in Verbindung gebracht wird, soll dies ebenjenen vermehren. Leider ist eine solche Stelle aus einsichtigen Gründen eher undankbar, was die Reinhaltung der Spiegelfläche betrifft. Wenn Sie also – so wie ich – keine Lust haben, nach jedem Kochvorgang die Spiegel wieder blitzblank zu putzen, verzichten Sie lieber darauf.
- Spiegel sollten gerahmt oder zumindest am Rand geschliffen sein, damit die scharfen Glaskanten kein Sha erzeugen.
- Spiegel müssen stets aus einem Stück gefertigt sein. Es ist dringend abzuraten von Spiegelkacheln oder anderen zusammengesetzten Spiegelflächen, da diese das Abbild des Betrachters förmlich zerstückeln. Einen besonders ungünstigen Effekt erzeugen zueinander versetzte Spiegel, beispielsweise an verspiegelten Schiebetüren von Schränken: Wer sich genau in die Trennlinie stellt, wird nicht nur geteilt, sondern sieht sein Spiegelbild auch noch zur einen Hälfte größer als zur anderen – der »Picasso«-Effekt.

- Spiegel sollten entweder rechteckig, rund oder oval sein. Vor allem ovale Spiegel eignen sich hervorragend dafür, sich selbst zu betrachten. Denken Sie daran, daß ein Spiegel in der Breite nicht zu knapp bemessen sein darf, wenn Sie sich in ihm sehen wollen: Er sollte also weder links noch rechts etwas von Ihrem Abbild »abschneiden«. Seien Sie hier großzügig! Unser Körperempfinden (manche würden es die Aura nennen) hört nicht mit unserer Haut auf, sondern reicht noch ein gutes Stück über unsere physische Grenze hinaus. Auch unser Spiegelbild sollte uns immer ganz wiedergeben und diesen empfundenen Raum rings um unseren Körper mit einschließen.

Wie müssen Spiegel positioniert werden?

Schließlich ist es entscheidend, wie Sie einen Spiegel aufhängen, insbesondere dann, wenn Sie sich in ihm betrachten wollen. Dabei gilt:

- Richten Sie die Höhe eines Spiegels nach der größten Person im Haushalt aus, so daß sich diese bequem darin betrachten kann und ihr Kopf nicht abgeschnitten wird.
- Achten Sie darauf, daß ein Spiegel hereinfallendes Licht nicht reflektiert, damit Menschen in einem Raum nicht geblendet werden können. Dies gilt vor allem für Spiegel, die Sie gegen nach Südosten bis Südwesten ausgerichtete Fenster plazieren.
- Lassen Sie Spiegel stets ganz mit der Wand abschließen und lehnen Sie sie nicht einfach an eine Wand an, so daß Sie den Raum schräg wiedergeben.
- Verzichten Sie auf Spiegel an den Decken.

Alternativen zu Spiegeln

Im folgenden möchte ich Ihnen einige Möglichkeiten zeigen, wie Sie durch den geschickten Einsatz anderer Hilfsmittel in den meisten Fällen auf Spiegel verzichten können.

Poliertes Metall

Wenn Sie angreifendes Sha zurückwerfen möchten, genügt in vielen Fällen der Einsatz von blankpolierten Metallgegenständen, wie zum Beispiel einem Türschild oder einem Türklopfer. Zum Aktivieren und Lenken von Qi reichen oftmals metallisch glänzende Gegenstände aus oder auch Objekte, die mit Metalllack oder Metallfolie überzogen sind. Über die Sorte und die besondere Struktur des Metalls können Sie die Qualität des Qi sogar noch zusätzlich beeinflussen (vergleiche »Mineralien und Metalle« im Anhang Seite 223 ff).

Symbolische Abwehr

Ebenso gibt es eine Fülle von abwehrenden Symbolen, die gut und gerne die Aufgabe eines Spiegels in diesem Fall übernehmen können, wie traditionell der Löwe, der eine seiner Pfoten auf einem Schild ruhen läßt. Im Anhang unter der Rubrik »Symbole« auf Seite 228 ff finden Sie speziell solche, die für den Schutz vor ungünstigem Sha an der Haustür besonders gut geeignet sind.

Bilder und Trompe-l'œil

Großzügige Bilder, vorzugsweise mit Panoramaausblicken auf schöne Landschaften, eignen sich hervorragend, einer Wand eine Art künstliches Fenster zu verleihen und ihr dadurch die Geschlossenheit und Masse zu nehmen. Sie erzeugen gewissermaßen den Eindruck, als öffne sich das Zimmer an dieser Stelle, was wie eine Erweiterung des Lebensraumes wirkt.

Eine besonders effektive und noch dazu ästhetisch besonders reizvolle Variante zur optischen Vergrößerung von Räumlichkeiten sind Wandmalereien im Stil des Trompe-l'œil, einer Technik, die dem Auge eine Öffnung der Wand vortäuscht. Hier lassen sich natürlich besonders eindrucksvolle Effekte erzielen, die selbst einen Raum ohne Fenster in eine blühende Landschaft unter freiem Himmel verwandeln können. Dies sollte natürlich von Expertenhand vorgenommen werden, damit die Illusion auch perfekt wird.

Trompe-l'œil

Die Raumform ausgleichen

Die ideale Form des schützenden Raumes hat vier Wände, am besten verfügt er über einen quadratischen, zumindest aber rechteckigen Grundriß.
Problematisch sind:

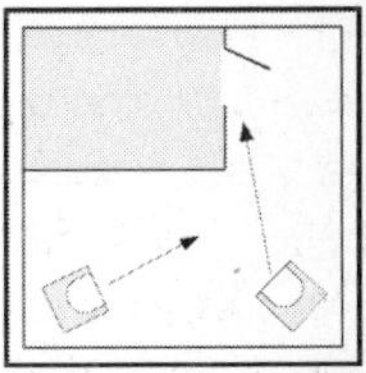

Räume in L-Form: Ein Teil des Raumes bleibt stets hinter einer Ecke verborgen. Dies schafft Unbehagen.

Lösung: Gliedern Sie den Raum so, daß er zwei Räumen entspricht, indem Sie ihm zum Beispiel zwei deutlich abgegrenzte Funktionen zuordnen, wie Eßzimmer und Wohnzimmer oder ähnliches. Nutzen Sie dazu Möbel, Paravents, Vorhänge, Regale oder auch Pflanzen als Trennelemente. Setzen Sie unterschiedliche Bodenbeläge, beispielsweise Teppich im Kontrast zu Parkett, unterschiedliche Farben ein. Auch mit einer entsprechenden Lichtgestaltung läßt sich einiges erreichen.

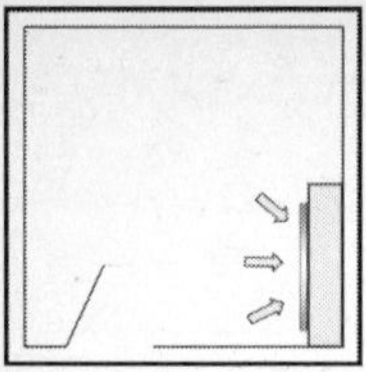

Räume mit Ausbuchtungen oder Einbuchtungen: Sie erzeugen ein Ungleichgewicht. (Siehe auch Seite 190 f)

Lösung: Um diesen Eindruck zu korrigieren, gibt es mehrere Möglichkeiten, die sich hauptsächlich auf den Einsatz optischer Mittel beziehen, allen voran der Spiegel. Ich empfehle jedoch auch gerne die Alternativen zu Spiegeln. (Vergleiche dazu den vorangegangenen Abschnitt.)

Zu große Räume werden dem menschlichen Bedürfnis nach Schutz und Geborgenheit nicht gerecht: Die schützenden Wände treten in den Hintergrund, verleihen dem Raum keine Mitte und geben dem Menschen damit keinen Halt. Vielfach wird dieser Effekt noch durch regelrechte Fensterwände verstärkt, die so manchen Wohnraum in ein ungemütliches Terrarium verwandeln. Wie auf einem Präsentierteller sitzen die Menschen in solchen Wohnhallen und vermissen auf Dauer das, was sie sich eigentlich von der großzügigen Planung versprochen haben: einen freundlichen und geselligen Ort, der Behaglichkeit sowohl im Kreis der Familie als auch mit guten Freunden aufkommen läßt.
Ein weiterer Nachteil zu großer Wohnräume ist das Fehlen schützender Innenwände. Möbel müssen oft frei im Raum aufgestellt werden, was zur Folge hat, daß sich niemand wirklich sicher in ihnen fühlen wird.

Lösung: Gliedern Sie den Raum in kleinere überschaubarere Abschnitte. Nutzen Sie vor allen Dingen massive Raumteiler wie Regale. Bilden Sie so geschützte Winkel, in denen man sich unbeobachtet und vor den Blicken anderer geschützt findet.

Räume mit spitz zulaufenden Winkeln nehmen dem Raum die Stabilität. Zudem erzeugt der spitze Winkel Sha.

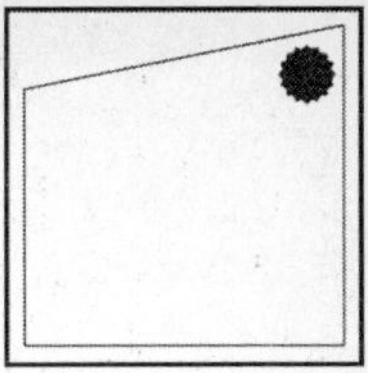

Lösung: Zerstreuen Sie das Sha in dem Winkel mit einem der Heilmittel, etwa einer Pflanze (siehe Seite 66), wenn genügend Licht-Qi vorhanden ist, einer Lampe, aber auch einem Mobile und ähnlichem. Eine Pflanze hat den Vorteil, daß sie den Winkel und damit die Asymmetrie kaschiert.

Stellen Sie keine Möbel in den Winkel, nicht einmal Regale: diese betonen die Schräge der Wand nur noch. Sitzgelegenheiten und ähnliches sind hier ebenfalls tabu!

Den Raumschwerpunkt finden

Jeder Raum besitzt einen psychologischen Schwerpunkt. Dieser liegt diametral der Eingangstür gegenüber.

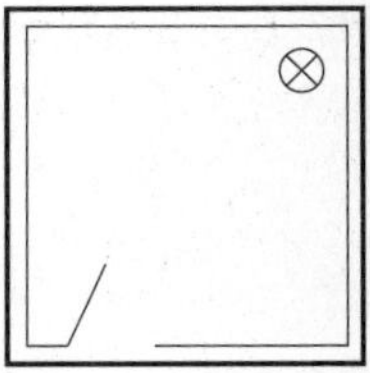

Es ist der Ort im Raum, der sich am weitesten entfernt von der Tür befindet und zugleich den besten Überblick über das Areal bietet. Von hier aus hat man den Raum förmlich »unter Kontrolle« und fühlt sich sicher und geschützt.

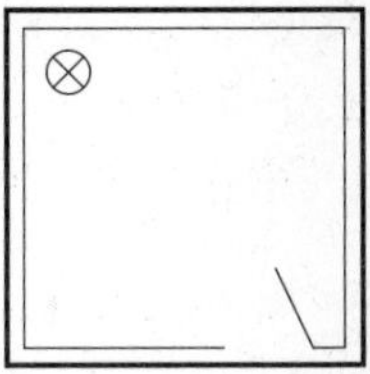

An diesem Punkt sollte sich deshalb idealerweise dasjenige Möbelstück befinden, welches dem Raum seine Definition verleiht, also:

- im Schlafzimmer das Bett, im Arbeitszimmer der Schreibtisch, im Wohnzimmer die Couchgarnitur, in der Bibliothek der Lesesessel und so weiter. In Zimmern, die mehrere Funktionen erfüllen sollen, beispielsweise in Kinderzimmern, hängt es ganz davon ab, was man gerne in den Vordergrund rücken möchte.

Problematisch:

Durch den Schwerpunkt fließt das Qi des Raumes (Verletzung der dritten Grundregel des Qi-Flusses: vergleiche Seite 37): Genau an der Stelle, an der sich der Schwerpunkt des Raumes befindet, haben Sie zum Beispiel ein Fenster, so daß Sie mitten im Qi-Fluß säßen.

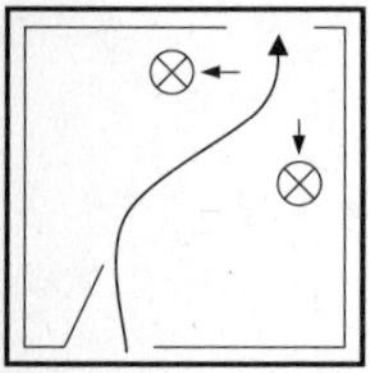

Lösung: Hier müssen Sie einen Kompromiß schließen, indem Sie Stück für Stück von der optimalen Position nach links und rechts abrücken, bis Sie aus der Qi-Fluß-Zone heraus sind.

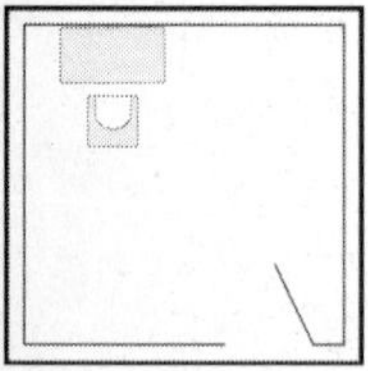

Mit dem Rücken zum Eingang sitzen und ähnliches sollte vermieden werden, da Sie keine Kontrolle über den Raum haben: Ihr Unterbewußtsein ist im Dauerstreß, weil es sich permanent hinterrücks bedroht fühlt! Dies führt neben Konzentrationsschwächen auch zu Nervosität.

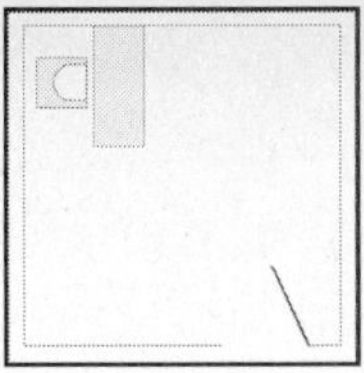

Lösung: Positionieren Sie Bett, Schreibtisch, Sessel und ähnliches stets so, daß Sie mindestens mit einer leichten (!) Kopfbewegung die Tür sehen können. Ist dies aus Platzgründen nicht möglich, plazieren Sie einen Spiegel so in Ihrer Nähe, daß Sie darin die Tür zu Gesicht bekommen können. In einigen Fällen, zum Beispiel in Küchen, können Sie auch ein akustisches Signal mit dem Eintreten in den Raum verbinden, etwa durch das Anbringen eines Glöckchens oder eines Klangspiels an der Tür. Auf Dauer speichern Sie unterbewußt, daß das Herannahen einer Person durch die Tür mit einem Geräusch verbunden sein muß. Wenn also kein Signal ertönt, können Sie sich »sicher fühlen«.

Mit dem Rücken zum Fenster sitzen und ähnliches gilt ebenso als ungünstig, da Sie nicht kontrollieren können, was von außen potentiell auf Sie einwirkt.

Lösung: In erster Linie sollten Sie darauf achten, daß Sie stets eine Wand hinter sich haben, am besten eine Innenwand. Wenn dies nicht immer möglich ist, versuchen Sie durch das Einrichten von Blockaden, Einflüsse von außen zu mindern. Hier haben sich in erster Linie Pflanzen auf dem Fensterbrett, aber auch Vorhänge und Paravents (vor allem bei großflächigen Fenstern, vergleiche Seite 38) bewährt.

Die Raumkomponenten analysieren

Türen

Türen sollten sich in Bewegungsrichtung des Eintretenden öffnen lassen.

Die Tür öffnet sich zum Eintretenden hin, das heißt, sie schlägt mir möglicherweise ins Gesicht, wenn ich mich auf sie zu bewege. Dies schafft Unbehagen, und für das Qi bedeutet dies, daß es in seiner Fließrichtung gehemmt wird, so wie Sie sich einen Schritt zurückbewegen müssen, um die Tür aufzumachen. Ausnahmen bilden die Eingangstüren mancher Gebäude der skandinavischen Tradition: Hier wird die Kraft des von außen gegen das Türblatt drückenden Winds genutzt, um eine zusätzliche Dämmung zu erzielen – in kalten und windreichen Gegenden eine sinnvolle Einrichtung. Im Inneren eines Hauses gibt es jedoch außer einer schlechten Planung keinen Grund, Türen entgegen der Bewegungsrichtung des Qi einzusetzen.

Lösung: Am einfachsten wäre es hier, solcherart störende Türen auszuhängen, insbesondere, wenn sie zu einem Raum führen, der seiner Qualität nach eher Yang ist und deshalb einen kräftigen Qi-Fluß vertragen kann. Gegebenenfalls können Türen durch Vorhänge oder ähnliches ersetzt werden. Problematisch ist es jedoch, bei Räumen wie Schlafzimmern, Badezimmern und Toiletten, aber auch Abstellkammern auf Türen zu verzichten – ich rate deshalb, davon abzusehen. Wenn sich an der Ausrichtung der Tür nichts ändern läßt, müssen Sie den Qi-Fluß dadurch stärken, indem Sie im betroffenen Zimmer möglichst prägnante Hilfsmittel einsetzen, die hier einer energetischen Unterversorgung des Raumes zuvorkommen.

Fenster

Was für die Tür gesagt wurde, gilt prinzipiell auch für das Fenster:

Es sollte sich in der Bewegungsrichtung des Menschen öffnen, der es aufmacht. Leider finden wir diese Form der Befensterung nur noch bei unsanierten Altbauten oder in alten Bauernhöfen. Ansonsten ist diese schöne Geste, die an das Ausbreiten sich öffnender Arme erinnert, aus dem Stadtbild mit wenigen Ausnahmen verschwunden.

Lösung: Außer einem Umbau gibt es hierfür leider keine.

Fenster und Wände sollten in verträglicher Proportion zueinander stehen. Fenster sind die Augen des Hauses, so wie eine Tür den Mund versinnbildlicht. Durch übertriebene und unproportionierte Verglasung an modernen Häusern ist auch dieser Ausdruck vielfach verschwunden. Denn während die meisten mit viel Glas viel Licht assoziieren, fällt den wenigsten auf, daß Fenster von außen betrachtet genau das Gegenteil darstellen: Sie sind schwarz! Je großflächiger eine Glasfläche ist, um so größer erscheint das schwarze Loch in der Fassade – aus den lebendig wirkenden Augen sind leblose und leere Augenhöhlen geworden.

Lösung: Durch variable Beschattungsmöglichkeiten, etwa durch unabhängig voneinander zu bedienende Jalousien oder auch mehrfach geteilte Vorhänge, können Sie zu große Fenster gliedern und ihnen an bestimmten Stellen einen »Wand«-Charakter verleihen. Auch Pflanzen können an diesem Fenster eingesetzt werden.

Fenster sollten von innen frei zugänglich sein. Im Innenbereich sollten Sie darauf achten, daß Sie den freien Zugang zum Fenster nicht unnötig durch Möbelstücke versperren. Denken Sie immer daran, daß Fenster wichtige Austrittsstellen für Qi sind und jedes hindernde Element den Fluß stören wird. Insbesondere Sitzmöbel sind ungeeignet, denn Sie laufen zusätzlich Gefahr, mitten im Qi-Fluß zu stehen.

Lösung: Hier bleibt nur zu sagen – nach Möglichkeit keine Möbelstücke in den Weg stellen! Mindestens ein Fenster in einem Raum sollte unproblematisch erreicht werden können.

Fenster sollten nicht »nackt« sein.

Tip: Mit Hilfe von Vorhängen, Rollos und Jalousien können Sie jedem Raum einen eigenen Ausdruck verleihen, der seine Bedeutung spiegelt. Verwenden Sie Vorhänge aus schwereren Stoffen und dichteren Farben in Yin-Bereichen wie einem Schlafzimmer oder einer Bibliothek: Sie dämpfen den Qi-Fluß und schaffen eine beruhigende Stimmung. Eine sachlich-kühle Atmosphäre verbreiten Jalousien aus Metall, vielleicht passend für ein Arbeitszimmer. Jalousien aus Holz oder Rollos aus Stoff wirken natürlicher und anheimelnder – sie wären für eine Küche gut geeignet. In Wohnzimmern und allen anderen Yang-Bereichen sollten Vorhänge oder ähnliches leicht und hell wirken, um den Qi-Fluß anzuregen. Lamellenvorhänge mit ihren langen senkrechten Streifen schneiden wie Messer in den Raum und erzeugen Sha – von ihnen rate ich deshalb ab.

Fußboden und Decke

Während der Fußboden in der naturbezogenen Anschauung des Feng Shui für die Erde zu unseren Füßen steht, versinnbildlicht die Decke den Himmel über uns. Es ist eine Grunderfahrung des menschlichen Lebens, daß der Himmel als Quelle von Licht hell ist, während der Boden im Gegensatz dazu als dunkel erlebt wird. Der Boden verleiht uns so das Gefühl von Stabilität und Sicherheit, die Decke hingegen soll uns sowenig wie möglich auffallen, so wie uns der freie Himmel eigentlich erst dann bewußt wird, wenn dunkle Wolken heraufziehen. Daraus leitet sich die folgende einfache Regel ab:

Der Boden sollte immer dunkler wirken als die Decke – eine Umkehrung dieser Anordnung stellt das gesamte Empfinden für Orientierung zwischen oben und unten auf den Kopf.

Tip: Für die Decke eignet sich demnach ein Anstrich aus hellen, lichten Farben, während der Boden in dunklen und gedeckten Tönen am besten zum Ausdruck kommt. Rot ist hingegen ein Farbton, der in seiner reinen Qualität weder oben noch unten vorteilhaft ist. Dunkles Blau kommt ebensowenig in Frage, da es an der Decke mit Nacht und am Boden mit tiefem Wasser assoziiert wird – und auf Wasser kann man bekanntlich nicht gehen.

Decken dürfen nicht auffallen, und der Boden muß Qi fließen lassen können.

Tip: Dies bedeutet für Decken eine klare Absage an Holzvertäfelungen, übertriebene Stuckaturen und ähnliches. Wenn Sie einen Raum farbig gestalten, achten Sie darauf, daß die Decke am besten weiß bleibt, niemals aber dunkler im Farbton gestrichen wird. Auch Tapeten, selbst getünchte Rauhfaser, sind hier fehl am Platz.

Tip: Holzböden wie Parkett und Dielen sind die beste Wahl für alle Räume, weil sie im Gegensatz zum reinen Estrich aus Zement Lebendigkeit und Natürlichkeit vermitteln. In eher Yang-betonten Räumen kann Parkett offenliegen, es erzeugt eine frische Atmosphäre. Wo mehr Yin-Energie vonnöten ist, kann man mit Teppichen arbeiten, um eine gedämpftere Stimmung zu erhalten – insbesondere, wenn es um die Verringerung von Trittschall geht. Wenn Sie Auslegware verwenden, wählen Sie am besten gedeckt einfarbige Teppiche mit grobem Flor. Wenn Sie jedoch Akzente setzen wollen, greifen Sie lieber auf Brücken und Läufer zurück. Kacheln am Boden kommen eigentlich nur im Badezimmer in Frage, und für die Küche empfiehlt sich ein Steinboden.

Wände

Wände symbolisieren Schutz und Geborgenheit. Es ist deshalb sehr wichtig, in den Innenräumen genügend Platz an den Wänden oder überhaupt genügend Wand zu haben, um dort Möbelstücke, vor allem Sitzmöbel, plazieren zu können.
Hier trifft sich die Problematik der überdimensionierten Verglasung mit dem entsprechenden Fehlen an schutzbildenden geschlossenen Wänden. Menschen sitzen nicht gerne mit dem Rücken zu Türen und Fenstern – wenn nun Wände zu einem großen Teil aus Glas bestehen, kann ein Gefühl von Geborgenheit nicht wirklich aufkommen. (vergleiche dazu Seite 89)

Wände sind Teil der Szenerie und sollten stets in die Gesamtgestaltung einbezogen werden.

Tip: Verdecken Sie Wände nicht grundlos! Sie geben einem Raum Grenze und damit dem Menschen, der sich in ihrer Mitte aufhält, das Empfinden von Zentriertheit. Dort, wo Wände aufeinandertreffen, entstehen Winkel, die besonders anfällig sind für ein Stocken des Qi-Flusses. Es ist deshalb gut, wenn Sie die Ecken eines Raums eher frei halten oder mit Qi belebenden Maßnahmen bestücken. Besonders gut wirken sich hier Leuchtelemente oder Blumendekorationen aus.

Wände brauchen Farbe und das Spiel von Licht und Schatten, damit ein Zimmer zu einem echten Lebensraum wird.

Tip: Ob Sie sich nun für einen Farbanstrich entscheiden oder für eine Tapete, ist im Grund egal – jedoch sollten Sie darauf achten, daß Wände schon durch geringe Farbnuancen eine besondere Stimmung zaubern können, manchmal reicht auch schon ein abgetöntes Weiß. Es ist ein Irrtum zu glauben, daß weiße Räume größer wirken als farbig gestrichene – das stimmt, solange keine Möbel im Raum stehen. Gerade wenn Sie viele Möbel in ein Zimmer stellen wollen, wird die ursprünglich empfundene Ästhetik des reinen Weiß schnell zunichte gemacht, wobei der Kontrast zwischen dem Hell der Wand und dem Dunkel der Möbel die Einrichtungsgegenstände noch kompakter erscheinen läßt. Wenn Sie sich für Weiß entscheiden, sollten Sie auch wenige Möbel aufstellen, um an den Wänden Raum für das Spiel von Licht und Schatten zu schaffen, welches dafür sorgt, daß Weiß nicht einfach nur phantasielos wirkt.
Gut ist alles, was den Wänden Struktur verleiht. Deshalb empfehle ich allen, die gerne weiße Wände haben, die gute, alte

Rauhfasertapete, denn sie erzeugt durch den wechselnden Einfall des Lichts sich wandelndes Leben auf der Wand.

Treppen und Korridore

Treppen und Korridore sind die Transportwege des Organismus Haus, ähnlich wie die Blutbahnen und Luftröhren im menschlichen Körper. Korridore sind für die Versorgung und Verteilung des Qi in horizontaler, Treppen in vertikaler Richtung zuständig. Für beide gilt:

Treppen und Korridore sollten so frei und großzügig wie nur möglich wirken, um einen ungehinderten Fluß der Energien zu ermöglichen.

Korridore

Leider werden diese wichtigen Kanäle sehr oft stiefmütterlich behandelt und immer häufiger zu bloßen Abstellräumen degradiert. Manche Wohnungen hingegen werden von vornherein schon so konzipiert, daß sie über gar keinen oder einen nur sehr winzigen Flur verfügen. Die Diele beispielsweise aber ist ein eigenständiger und wichtiger Raum, da sie Qi die Möglichkeit gibt, sich vor dem Verteilen im Haus noch einmal zu sammeln, wie wir im Abschnitt »Der Eingangsbereich« auf Seite 154 noch sehen werden.
Für Korridore gilt allgemein, daß sie gemäß ihrer Proportionen möglichst von Inventar frei gehalten werden sollten.
Nur wenn Sie über ausreichend Platz verfügen, so daß ein Gang oder Flur nicht zu einem Hürdenlauf wird, sollten Sie Schränke, Kommoden oder ähnliches aufstellen.

Wichtig ist auch die Beleuchtung in einem Flur, um über Licht-Qi den Energiefluß zu beleben: je heller, desto besser.

Treppen

Die Aufgänge zu den oberen Geschossen eines Hauses sind am besten in Dielen aufgehoben.

Problem: Die Treppen liegen in einem Wohnraum. Hier zerstören sie die Einheit des Raumes, während sie in einem Flur oder Gang genau das vermitteln, was ihre Funktion ist – nämlich Qi nach oben zu leiten.

Lösung: Liegt eine Treppe im Wohnraum, sollte man sich überlegen, ob man sie nicht mit einer Barrikade aus Pflanzen oder einem Paravent vom übrigen Bereich abtrennt. Besonders ungünstig ist es, wenn die Treppe auf einen Sitz- oder Liegeplatz zeigt: das hinauf- und hinunterströmende Qi erzeugt eine fortwährende Bewegung, die kaum Ruhe und Entspannung aufkommen läßt.

Auch die Form der Treppe ist entscheidend. Am besten sind einläufige gerade Treppen, vielleicht mit einem Zwischenpodest.

Problem: Abzuraten ist von Wendel- und Spindeltreppen. sofern sie zugleich auch als Haupttreppen dienen sollen, denn sie wirken wie ein Korkenzieher, der sich in das Haus schraubt, oder wie ein Schacht, durch den Qi nach oben gesogen wird.

Lösung: Hier sollten Sie über der Treppe mit Sha zerstreuenden Maßnahmen arbeiten, welche die heraufziehende Energie brechen und verwandeln (vergleiche »Mit Heilmitteln Sha umwandeln« ab Seite 64).

Eine Treppe soll Sicherheit und Stabilität ausstrahlen und einem nicht das Gefühl verleihen, auf schwankenden Planken einen Höhenunterschied überwinden zu müssen. Gemauerte Treppen mit Setzstufen sind daher die beste Wahl.

Problem: Offene Treppen, die keinen senkrechten Stufenteil besitzen, scheinen gewissermaßen zu schweben. Aus Sicht des Feng Shui erschwert dies den Aufstieg von Qi, weil es zwischen den Stufen hindurchfließen kann.

Lösung: In dieser Situation sollten Sie die Aufmerksamkeit eines aufsteigenden Menschen nach oben, auf das Ziel seines Weges, lenken. Bringen Sie oben eine entsprechende Beleuchtung oder beleuchtete Objekte an. Entlang der Treppe können Sie an der Wand Bilder aufhängen, die den Aufstieg begleiten: Sie können hier auch mit Motiven arbeiten, welche die Leichtigkeit des Aufsteigens betonen, zum Beispiel auffliegende Vögel, Wolken.

Treppen sollen den Menschen und damit das Qi einladen, hinaufzusteigen.

Tip: Deshalb spielt die Gestaltung der ersten Treppenstufen eine besondere Rolle. Sehr schön ist es zum Beispiel, wenn eine Treppe mit einer sich öffnenden Geste beginnt, indem die unteren Stufen breiter sind und das Geländer nach außen gewendet ist. Wenn Sie über genügend Platz verfügen, können Sie auch mit Pflanzen oder anderen attraktiven Blickfängern am Fuß der Treppe einen ähnlichen Eindruck erzielen.

Problematische Räume

Weder das Dachgeschoß noch der Keller waren ursprünglich als Wohnraum konzipiert, sondern beschränkten sich in ihrer Funktion zumeist auf die Lagerhaltung. Erst in der heutigen Zeit begann man mit dem systematischen Ausbau insbesondere von Dachstühlen, um noch mehr wertvolle Grundfläche zum Wohnen anbieten zu können. Was sich zunächst als vernünftige Wohnungsbaumaßnahme liest, bildet aus Sicht von Feng Shui den Auftakt einer Reihe nicht zu unterschätzender Probleme.

Ausgebauter Dachstuhl (Spitzboden)

Das Dach ist für uns der Inbegriff des Schützenden und erinnert am stärksten an die frühesten Entwicklungsstufen des Hausbaus und ihrer Zeltform. Je nach Region und den dort am häufigsten vorkommenden Baumaterialien fällt die Neigung des Daches mal steiler und mal flacher aus, um Regen und Nässe von den Grundmauern fernzuhalten. Der darunterliegende Raum – der Dachstuhl – erhält so stets die Form eines Dreiecks. Alte Holzdachstühle waren Bereiche, die sich im Sommer sehr schnell erhitzten und im Winter besonders stark abkühlten. Weil das Holz zu jeder Jahreszeit problemlos von Luft umspült werden konnte, überdauerten solche Dächer Jahrhunderte. Für den Ausbau eines Daches zur Wohnfläche müssen enorme Eingriffe in die Grundstruktur des Dachraumes vorgenommen werden: Um die extremen Temperaturdifferenzen auszugleichen und die Zugluft zu verhindern, wird es mit Dämmstoffen eingepackt. Je dichter gedämmt wird, um so größere Schwierigkeiten hat Qi zu entweichen – und das Dach ist ein weiterer wichtiger Austrittspunkt, vor allem für Wärme-Qi, welches in den meisten Fällen einen großen Anteil an Feuchtigkeit, wie er von den im Haus lebenden Menschen produziert wird, mit sich führt und nach draußen ableitet. Durch den Ausbau von Holzdächern aber leben wir wie unter einem luftdichten Plastikzelt: Qi muß sich stauen, und zwar ganz besonders unterm Dach. Die Bewegung des Qi in einem solchen Raum finden Sie in der Abbildung unten skizziert: es drückt gewissermaßen von oben in den Raum zurück. Man könnte auch sagen, daß von solchen schrägen Wänden ununterbrochen ein Sha-Strom ausgeht.

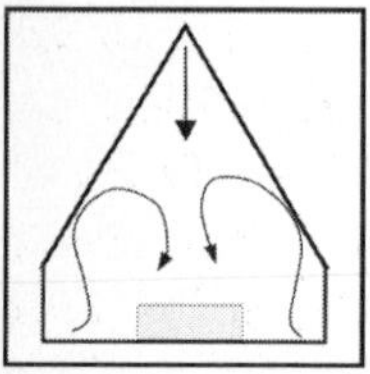

Die Verkörperung dieses Drucks von oben ist der Scheitelpunkt des Daches; dort, wo sich über unseren Köpfen die Dachschrägen treffen. Die Linie des Firstes teilt den Dachraum in zwei Hälften – und ebenso alles, was sich unter ihm befindet. Insbesondere Betten, die mittig in einen solchen Raum gestellt werden, sind von diesem trennenden Einfluß betroffen. Da es aber ebenso ungünstig ist, unter einer der beiden Schrägen zu schlafen, bleibt nur der Schluß übrig, daß ein Dachstuhl als Schlafraum einfach nicht geeignet ist.

Dem Dreieck des Dachstuhls fehlt es an allen wichtigen Elementen, welche wir von einem schützenden und zugleich nicht beengenden Raum intuitiv erwarten: da es keine geraden vier Wände aufweist, ist der Aufenthaltsbereich stark eingeschränkt, und wir werden in die schutzlose Mitte gedrängt.

Tip: Auch wenn ich im Grunde vom Bewohnen eines Spitzbodens abrate, können Sie zur Verbesserung der Situation einige Maßnahmen ergreifen. Ein großzügig gestaltetes Mobile unter der Firstlinie sorgt für eine Verwirbelung von Sha, auch ein Ventilator kann diese Funktion erfüllen. Besonders ästhetisch wirken unter den Dachschrägen arrangierte Segel aus Leinen, die dem Raum etwas Luftiges verleihen und ihm die Schwere nehmen; zugleich sorgen sie dafür, daß durch Dachfenster einfallendes Licht sanft gestreut wird. Pflanzen links und rechts der Dachschrägen kaschieren diese und entspannen die Atmosphäre.

Mansarde

Die Mansardenwohnung mit ihren Dachschrägen wird von vielen Menschen als Inbegriff der Gemütlichkeit angesehen, aber auch hier gilt prinzipiell das oben Beschriebene: Auf Dauer ist der Aufenthalt unter einer Dachschräge alles andere als gemütlich, und man ist gut beraten, Arbeits- und Schlafplätze sowie Sitzgelegenheiten in die mansardenfreien Zonen eines Raumes zu legen. Ähnlich dem Dachfirst übt die Linie, in der sich Decke und Schräge treffen, einen Qi-Druck nach unten aus und belastet den Lebensraum – vergleichbar mit der Wirkung eines schweren Balkens. (Vergleiche hierzu Seite 50)

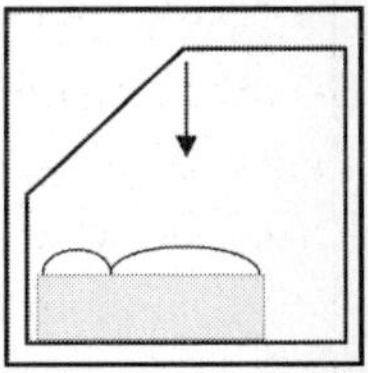

Problem: Eine Mansarde schluckt Licht: Sie wirkt immer dunkler als eine geradestehende Wand, vor allem weil meist zugleich die Fenster, etwa in einer Gaube, in ihr untergebracht sind.

Lösung: Es ist deshalb ratsam, die gegenüberliegende Wand weiß zu halten oder sogar mit einem Spiegel zu versehen, welcher das einfallende Tageslicht zurückwirft und dadurch die Mansarde ausleuchtet. Optisch können Sie eine Dachschräge dadurch »heben«, indem Sie ihre Zugehörigkeit zur Decke betonen: Streichen Sie beide in der gleichen Farbe, während Sie die senkrechten Wandteile farblich absetzen. Von gemusterten Tapeten ist in einer Mansarde im übrigen abzuraten, da sie dadurch noch betont würde.

Für den Fall, daß eine Mansarde sehr drückend wirkt, sollte sie besser angeleuchtet werden, damit sich die verdunkelnde und damit bedrückende Wirkung umkehrt und der Raum optisch nach außen tritt. Kaschieren Sie die Ecken mit Pflanzen.

Keller

Der Keller ist für die meisten Menschen eine eher angstbesetzte Angelegenheit: da könnte noch so viel Licht herrschen, allein die Tatsache, sich unter der Erde zu befinden, abgeschnitten vom natürlichen Tageslicht, trägt zu diesem Unbehagen bei, und nicht umsonst lauern in unseren schlimmsten Phantasien die Ungeheuer in der Tiefe.

Alte Häuser verfügten normalerweise nur über kleine gemauerte Keller, die zur kühlen Lagerung von Lebensmitteln und ähnlichem dienten. Diese Funktion müssen sie heute nicht mehr erfüllen, und deshalb werden die meisten Keller nur noch als zusätzlicher Stauraum benutzt. In manchen Fällen wird hier auch eine Waschküche oder ein Fahrradkeller untergebracht.

In jedem Fall sollte man jedoch darauf verzichten, im Keller Wohnräume einzurichten! Es stellt eine nicht zu unterschätzende psychologische Belastung dar, wenn man einen Raum nur durch das Überwinden einer Hürde – hier: die Kellertreppe – wieder verlassen und kein Fenster öffnen kann, um Licht und Luft hereinzulassen.

Tip: Ausnahmen mögen temporäre Nutzungen sein, etwa als Partykeller. Aber selbst hier sollten Maßnahmen ergriffen werden, um das eingesperrte Qi zu beleben und das Gefühl von Offenheit zu erzeugen. Als besonders effektiv und ästhetisch hat sich hier die Kombination aus gezielt eingesetzter Beleuchtung und Trompe-l'œil-Malerei (vergleiche dazu Seite 84) erwiesen. Schon so mancher Kellerraum verlor dadurch seinen drückenden und beengenden Charakter.

Die Stimmung gestalten mit den Wu Xing

Was sind die Wu Xing oder fünf Gehweisen?

Die Wu Xing, zu deutsch: »fünf Gehweisen«, die im folgenden auch »Wandlungsphasen« genannt werden (in einigen Büchern hat sich der nicht ganz korrekte Begriff »Elemente« durchgesetzt), sind das unzweifelhaft wichtigste Hilfsmittel im Feng Shui. Sie verkörpern fünf verschiedene Ausdrucksformen von Qi, die fünf verschiedene Stimmungen anregen. Das natürliche Vorbild der Wu Xing ist der Wandel der Jahreszeiten mit ihren unterschiedlichen Qualitäten:

Symbol	Name	Jahreszeit
	Holz	Frühling
	Feuer	Sommer
	Erde	(Spätsommer)
	Metall	Herbst
	Wasser	Winter

Wie die Jahreszeiten lösen sich die Wu Xing in einem ununterbrochenen Wechsel ab, so daß eine Wandlungsphase fließend in die nächste übergehen muß. Daraus ergibt sich ein Zyklus, wie in der Abbildung auf Seite 129 dargestellt. Die Kenntnis dieses Zyklus ermöglicht es Ihnen, die richtige Stimmung im Einklang mit den Bedürfnissen Ihres Lebensraumes zu schaffen: Jeder Phase wird ein Paket aus bestimmten Farben, Formen, Materialien sowie Symbolen zugeordnet. Durch die richtige Kombination dieser Entsprechungen erzeugen Sie die gewünschte Qi-Qualität.

Mit dem Zyklus der Wu Xing verfügen Sie über ein Instrument, das Ihnen hilft, Ihre eigene Kreativität im Feng Shui zur Geltung kommen zu lassen: Die Entsprechungen bilden lediglich einen Rahmen, innerhalb dessen sich Ihr persönlicher Stil und Ihre Phantasie voll entfalten können. Darum:

Prägen Sie sich die Reihenfolge der fünf Wandlungsphasen gut ein – sie ist der Schlüssel zu erfolgreichem Feng Shui!

Im folgenden möchte ich Sie mit den einzelnen Entsprechungen der Xing vertraut machen und Ihnen Hinweise zur praktischen Umsetzung geben. Diese kann nach zwei Gesichtspunkten vorgenommen werden:

- Manche Lebensbereiche zeigen einen Mangel an Qualitäten, wie sie von den Wu Xing verkörpert werden. In diesen kann durch gezielten Einsatz der Entsprechungen ein solcher Mangel ausgeglichen werden. Da jedem Xing auch ein typischer Wohnbereich zugeordnet werden kann, ist es möglich, über den Einsatz der beschriebenen Formen, Farben, Materialien und Symbole die für ihn typische Stimmung zu komponieren.

Bei der Beschreibung der einzelnen Xing finden Sie Beispiele zu beiden Möglichkeiten, die natürlich wieder als *Anregungen* und *nicht* als Anweisungen verstanden werden wollen.

Experimentieren Sie mit der Vielfalt an Möglichkeiten, die sich aus der Arbeit mit den fünf Wandlungsphasen entwickeln läßt! Sie werden feststellen, daß Sie vieles, was bereits in Ihrem Haushalt vorhanden ist, einsetzen können, wenn Sie es im Sinne der Wu Xing richtig plazieren: Sie müssen also keine teuren Neuanschaffungen in Erwägung ziehen und können ganz im Rahmen Ihres gewohnten Geschmacks bleiben.

Die Entsprechungen der Wu Xing und ihre Anwendung

Holz

Urbild: Frühling. Bäume mit ihrem schlanken und zielstrebigen Wachstum in die Höhe. Das Grün der Wiesen und das Blau des Himmels im Frühling. (Diese beiden Farben sind eng miteinander verbunden, und deshalb gibt es in vielen Sprachen der Welt, so auch im Chinesischen, nur ein Wort für beide.) Beim Menschen: Der aufrechte Gang, das Wachstum in die Länge.

Entsprechungen

Formen: hoch und aufrecht; vertikale Richtung

Die vertikale Richtung steht für Aktivität und Wachstum. Beispiel: Pflanzen wachsen nach oben, Regen fällt von oben herab, Sonnenstrahlen scheinen von oben nach unten. Alle Prozesse, die mit Wachstum assoziiert werden, haben mit der Senkrechten zu tun.

Beispiele: Säulen, Bäume, senkrechte Balken, Stangen, hohe schmale Räume, Regale, Schränke, Stehlampen, in der Architektur: Türme, Hochhäuser und so weiter.

Farben: Grün und strahlendes Blau; Türkis

Grün/Blau erfrischt, ohne unmittelbar anzuregen, und steht mit dem Gedanken der Erneuerung und des Neubeginns in Verbindung. Da Grün/Blau die Farben sind, die wir in der Natur am häufigsten finden, wirken sie harmonisierend und beruhigend auf uns.

Materialien: Holz; Pflanzen und alles Pflanzliche

Holz steht stellvertretend für das pflanzliche Wachstum und verkörpert in allen seinen Erscheinungsformen die Stimmung von *Holz*.
Grünpflanzen und vor allem alle in die Höhe wachsenden Pflanzen unterstehen dem Prinzip von Holz. Auch rankende, gestabte Pflanzen gehören hierher.

Beispiele: Parkettboden, Tür- und Fensterrahmen aus Holz, Möbel aus Holz, Rattanmöbel, Korb, Baumwolle, Papier, Bücher; Bilderrahmen aus Holz; Blumen, Zweige von Sträuchern und Bäumen, Obst- und Gemüsedekorationen und so weiter.

Symbole

Alle Symbole, die auf pflanzliches Wachstum verweisen.

Beispiele: Blätter von Bäumen, pflanzliche Ornamente, Bilder von Bäumen und Wäldern, Bilder von Blumen, Bilder von Obst und Gemüse; Bilder von Gärten, beispielsweise Paradiesgarten.

Holz – die Anwendung im Wohnbereich

Die Stimmung mit *Holz* beleben.

Die Verwendung aufrechter Formen oder vertikaler Muster, der Einsatz von Farben aus dem Grün/Blau-Spektrum und so weiter betont die aktive Seite eines Raumes. *Holz* dynamisiert und hebt die Stimmung: Man bekommt Lust, Dinge in Angriff zu nehmen und Ideen in die Tat umzusetzen. Holz unterstützt alle kreativen Prozesse, in denen es darum geht, etwas hervorzubringen und an ihnen zu arbeiten.
Verwenden Sie daher *Holz*-Entsprechungen für Bereiche, in denen Sie Schwierigkeiten haben, sich kreativ zu entfalten, oder es Ihnen schwerfällt, neue Erfahrungen zuzulassen, und Sie das Gefühl haben, auf der Stelle zu treten.

Beispiele: Sie brauchen in Ihrem Beruf neue Ideen, und es fällt Ihnen partout nichts ein: Stellen Sie an Ihrem Arbeitsplatz eine kleine schlanke Statue auf, am besten aus Holz. Oder wählen Sie eine schlanke, hochwachsende Grünpflanze aus, und plazieren Sie sie an Ihrem Schreibtisch. Oder: Das Bild einer Frühlingslandschaft in Grün- und Blautönen hilft Ihrem Geist wieder auf die Sprünge.

Typische Wohnbereiche mit *Holz*-Stimmung schaffen

- Eingangsbereich: So wie der Frühling das neue Jahr einleitet, ist der Eingangsbereich der Beginn Ihres Lebensbereiches.
- Eßzimmer: Dort, wo die Nahrung zu sich genommen wird, sorgen wir für körperliches Wachstum und Wohlbefinden.
- Küche: Hier werden Nahrungsmittel verarbeitet – diese entsprechen *Holz*.
- Kinderzimmer: Hier wachsen Kinder heran.
- Atelier: *Holz* steht hier für Inspiration und die Lust an Innovation – ideal für Künstler.
- Bibliothek: Bücher und Regale entsprechen *Holz*.
- Arbeitsplatz: insbesondere für Erfinder und Autoren, aber auch für Architekten, Lehrer und Fotografen.
- Garten, Wintergarten: Vor allem viel Grün und der Blick auf den freien Himmel erzeugen *Holz*.

Verwenden Sie für die angegebenen *Holz*-Bereiche in Ihrem Lebensraum Elemente aus den obengenannten Entsprechungen aus, und plazieren Sie sie an herausgehobener Stelle, etwa im Schwerpunkt des Raumes oder im Blickfeld des Bereiches.

Beispiele: Statten Sie den Eßbereich mit Holz-Attributen aus, beispielsweise mit einer Pflanzendekoration, einer Grünpflanze in der Nähe des Eßtisches, mit einer blauen Tischdecke und grünen Tischsets, Besteck mit Holzgriffen und so weiter.
Wählen Sie für den Eingangsbereich einen Grün- oder Blauton oder eine Tapete mit vertikaler Musterung; plazieren Sie Pflanzen im Eingangsbereich, zum Beispiel eine Palme. Verwenden

Sie im Eingangsbereich Parkettboden. Schmücken Sie den Bereich mit floraler Ornamentik, zum Beispiel eine Bordüre mit Blättermotiven.
Stellen Sie hohe und schlanke Regale neben dem Schreibtisch auf, hängen Sie ein Bild mit einer Frühlingslandschaft auf, stellen Sie eine Bodenvase mit frischen Zweigen in Ihrem Blickfeld auf, beispielsweise Birke oder Weide.

Feuer

Urbild: Die aufsteigende und sich nach oben verjüngende Flamme des Feuers. Rot als Farbe des Feuers, der Hitze und des Sommers. Die Farbe des Blutes als Merkmal des Lebens. Beim Menschen: das Individuum, der König.

Entsprechungen

Formen: spitz und dreieckig

Die Form des Dreiecks geht von einer breiten Basis aus, die auf einen Punkt hinausläuft: das Sinnbild für Zielstrebigkeit und Dynamik, welche das vorhandene Potential auf eine Richtung einschwört. Spitz zulaufende Formen verleihen Richtung, stiften aber auch Unruhe, da sie wie ein Stachel in die Umwelt hineinragen können.

Wichtig! Alle Formen und Muster rund um die Wandlungsphase *Feuer* sollten sehr sparsam und nur gezielt eingesetzt werden!

Dreieckige und spitz zulaufende Formen sind in der Inneneinrichtung eher unüblich, und so beschränken sich diese Formen auf spezielles Design und Accessoires wie dreieckige Tische, spitze Lampenschirme, pyramidenförmige Objekte und Muster auf der Grundlage von Dreiecken; in der Architektur: das Giebeldach.

Farben: Rot

Die Farbe Rot kommt in der Natur sehr selten vor, und dort, wo sie auftritt, erfüllt sie zumeist zwei entgegengesetzte Funktionen: Sie will warnen oder aber anlocken – je nach Kontext. Die dominierende Farbe in der Natur ist Grün, und nicht umsonst ist Rot dazu die Komplementärfarbe und fällt daher besonders auf. Da Rot mit Blut assoziiert wird, gilt es von jeher als Farbe des Lebens und wirkt auf den Menschen anregend und kräftigend, solange es nicht übermäßig eingesetzt wird, denn dann kann es aggressiv machen: »Man sieht rot«. Rot strahlt Wärme und Sinnlichkeit aus und steht als klassische Farbe der Liebe für Erotik und Sexualität.

Wichtig! Rot ist eine Signalfarbe und sollte entsprechend sparsam und gezielt eingesetzt werden.

Beispiele: rote Blumen, zum Beispiel Rosen, Nelken.

Materialien: Kunststoffe; Tiere und tierische Produkte

Dem *Feuer* unterstehen alle chemischen Prozesse, so auch die Herstellung von Kunststoffen und Plastik. Im Sinne des Feng Shui sollten sie jedoch aufgrund ihrer für das Mikroklima der Wohnung ungünstigen Einflüsse sehr sparsam eingesetzt werden – am besten, Sie verzichten ganz darauf. Aber auch tierische Materialien wie Leder, Felle und Wolle gehören zu *Feuer*. Da sie natürliche Materialien darstellen, können sie unbedenklich eingesetzt werden – aber auch hier gilt (wie bei allen *Feuer*-Entsprechungen): gezielt und sorgfältig abstimmen!

Beispiele: Stühle aus Kunststoff, Böden aus PVC, Auslegware aus Kunststoff, das Gehäuse vieler Geräte, Bilderrahmen aus Kunststoff; Ledersofa oder -sessel, Schaffelle auf dem Boden, Decken aus reiner (unbehandelter) Schurwolle und ähnliches.

Symbole

Alle Symbole, die auf Feuer und seine Eigenschaften – Licht und Wärme – verweisen.

Beispiele: Bild einer Sonne, eines Vulkans; südländische Motive: sizilianische Landschaft, Steppe, Savanne, Wüste; Bild einer zerklüfteten Bergkette; Kerzen, Fackeln, Räucherwerk; Krone; Bilder von Tieren, insbesondere des Löwen.

Feuer – die Anwendung im Wohnbereich

Die Stimmung mit Feuer anregen

Feuer verleiht Impulse und setzt in Bewegung. Es wirkt stimulierend, impulsiv, anregend. Daneben sorgt es für eine sinnlicherotische, warme Stimmung. Wie für alle Entsprechungen von *Feuer* gilt auch für die Farbe Rot, daß sie dem natürlichen Vorbild folgend stets mit Bedacht und sehr sparsam eingesetzt werden soll.

Tip: Wenn Sie in einem Wohnbereich das Gefühl haben, daß Ihnen die rechte Leidenschaft fehlt und Sie zwar gute Ideen, aber kaum Lust haben, sie erfolgreich umzusetzen – wenn Sie sich also an Ihre Arbeit quälen müssen, kann Ihnen etwas aus der Palette der *Feuer* -Entsprechungen helfen.

Beispiel: Sie fühlen sich energielos, würden aber gerne mehr Kraft in das Erreichen Ihrer Ziele stecken. Sie schrecken vor jeder Anstrengung zurück und fühlen sich ihr nicht gewachsen. Richten Sie sich eine Zeitlang (!) an einer herausgehobenen Stelle, auf die Ihr Blick im Lauf des Tages mehrmals fallen wird (etwa im Flur Ihrer Wohnung), ein *Feuer*-Element ein, beispielsweise eine Vase mit leuchtend roten Blumen, ein Bild mit starken Rotakzenten, einer goldenen Sonne.

Typische Wohnbereiche mit *Feuer*-Stimmung schaffen

Anmerkung: *Kein Raum entspricht in seiner Gesamtheit Feuer, jedoch gibt es typische Bereiche in den Räumen, die wiederum diesem Xing zugeordnet werden können.*

- Küche: Hier entspricht der Herd der Wandlungsphase *Feuer.*
- Kamin: Als Versammlungsort der Familie vor dem *Feuer.*
- Arbeitsplatz: für alle in leitender Position; auch für Ärzte und Köche.

Sie müssen in diesen Bereichen *Feuer* nicht weiter betonen, da es über die augenscheinliche Präsenz im Grunde schon deutlich genug dargestellt wird.

Erde

Urbild: Das sich flach in alle Himmelsrichtungen ausbreitende Land. Der Ackergrund mit seinen parallel verlaufenden, horizontalen Furchen. Beim Menschen: Bewegung in der Waagrechten: nach hinten und vorne, nach rechts und nach links.

Entsprechungen

Formen: flach und rechteckig; horizontale Richtung

Die Physiognomie des Menschen ist an der Waagrechten ausgerichtet: Zu den Seiten hin sind wir am beweglichsten, denn die meisten Gefahren kommen von dort. Mit horizontalen Formen und Mustern assoziieren wir deshalb Sicherheit gegen Bedrohungen aus der Umwelt, sie verleihen uns das Gefühl von Stabilität. So ist auch zu verstehen, daß der Mensch fast überall auf der Welt rechteckige, am besten quadratische Räume als Lebensraum vorgezogen hat; sie symbolisieren den Schutz nach den vier Hauptbewegungsrichtungen.

Beispiele: Alle flachen rechteckigen Möbel wie Tische, Stühle, Betten und ähnliches; rechteckige Teppiche, Läufer, Brücken; rechteckige Bilder an der Wand; der Fußboden allgemein. In der Architektur: das Gebäude allgemein, Plätze, Tunnel.

Farben: Gelb und Braun

In China herrscht die gelbliche Farbe des Lößbodens vor, so daß diese Farbe *Erde* zugeordnet wird. Bei uns entspräche dieser Assoziation am ehesten die Bandbreite der Brauntöne, so daß wir diese ebenfalls dazurechnen können. Tatsächlich ist hier nicht so sehr das reine Gelb gemeint, welches wir gedanklich mit Licht und Frische verbinden, sondern eher das dichte, irdene Gelb des Ockers und seine Variationen, wie es typisch für die Zeit des späten Sommers und des Herbstes ist. Kühle Gelbsorten wie Zitronengelb und Lichtgelb gehören eher in den Bereich von *Holz*, warme Gelbtöne wie Sonnengelb, Maisgelb, Goldgelb bis hin zu den Orangetönen in den Bereich von *Feuer*.
Ocker und Brauntöne stabilisieren uns und verleihen uns Halt, da sie die stärkste emotionale Verbindung zum Erdboden haben. Sie »erden« uns und zeugen deshalb von Pragmatik und Realismus. Gleichzeitig sind es wärmende und beschützende Farben, die eine behagliche Atmosphäre aufkommen lassen. Brauntöne sollten jedoch kombiniert werden, da sie sonst leicht bedrückend und starr wirken – wie ein brachliegender Acker.

Materialien: Stein, Keramik

Ganz dem natürlichen Vorbild entsprechend, gehören zu *Erde* alle Stoffe aus Stein, Ton und Keramik – angefangen von den Ziegeln in der Wand über die Kieselsteine der Auffahrt bis hin zu den Fliesen und Kacheln in Küche und Bad.

Beispiele: Keramikgeschirr, Tonkrüge, Blumentöpfe, Töpferwaren; Marmor, Porzellan, Sand; Steinskulpturen, Findlinge; Mineralien, Kristalle und so weiter.

Symbole

Hierher gehören alle Symbole und Motive, die auf die Entsprechungen von *Erde* verweisen.

Beispiele: Landkarte, Windrose, Globus (auch *Metall*); Schachbrett; Steine und Edelsteine; Bilder mit Feldern und Äckern; Fotografie eines Rapsfeldes; Bilder von Burgen, Häusern, Siedlungen, Dörfern und der Silhouette von Städten; Bilder von Menschen, zum Beispiel auf Plätzen.

Erde – die Anwendung im Wohnbereich

Die Stimmung mit Erde beruhigen

Erde fängt die Impulse auf und verleiht ihnen Beständigkeit. Sie wirkt daher beruhigend, geborgen, schützend, auffangend. Sie stabilisiert uns und bringt uns zurück auf den »Boden der Tatsachen«, hilft uns, die Dinge in die Tat umzusetzen und unseren Gedanken Form und Gestalt zu geben. *Erde* hilft uns dabei, den Dingen zu vertrauen und zu akzeptieren, wie sie sich entwickeln.

Setzen Sie gezielt *Erde* und ihre Entsprechungen ein, wenn Sie Schwierigkeiten haben, konkret und praktisch zu werden, wenn Sie Mühe haben, von der Planung zur Umsetzung zu kommen, Sie leicht abschweifen und Ihre Gedanken herumvagabundieren und Sie sich nicht festlegen lassen. Wenn Sie sich allgemein instabil und wankelmütig fühlen, leicht erregbar sind und schnell beunruhigt werden können.

Beispiele: Um sich bei der Erfüllung einer Arbeitsaufgabe bei der Stange zu halten und die notwendigen Schritte zur Umsetzung zu bewältigen, stellen Sie sich an Ihrem Arbeitsplatz in Sichtweite, etwa auf Ihrem Schreibtisch oder im Regal, einen schönen Stein auf; am besten einen, den Sie selbst gefunden haben. Er soll Ihren Geist festigen und wieder auf die Bewältigung der Aufgabe ausrichten. In Zeiten innerer Unruhe und fehlenden Vertrauens kann eine Statue aus Stein oder Keramik im Winkel Ihres Zimmers, dekorativ und augenfällig plaziert, Ihnen wieder zu Gefaßtheit und Stärke verhelfen.

Typische Wohnbereiche mit *Erde*-Stimmung schaffen

- Schlafzimmer: In unseren Betten begeben wir uns zur Ruhe in die Horizontale.
- Wohnzimmer: Der Teil des Wohnraumes, der zur Entspannung und Erholung gedacht ist.
- Eßbereich: Wenn es darum geht, in Ruhe seine Nahrung aufzunehmen, insbesondere in Wohnküchen, da hier der Kontrast zur Aktivität des Kochens besonders groß ist.
- Vorratskammer: Hier »ruhen« Nahrungsmittel.
- Arbeitsplatz: besonders für bildende Künstler und alle, die mit der Verarbeitung konkreter Stoffe zu tun haben; auch Baugewerbe, Makler und Dienstleister.

Verwenden Sie für diese Bereiche Elemente aus den oben genannten Entsprechungen aus, und plazieren Sie sie an herausgehobener Stelle, zum Beispiel im Schwerpunkt des Raumes oder einfach ins Blickfeld.

Beispiele: Verwenden Sie im Schlafzimmer horizontal ausgerichtete Möbelstücke, wie flache Regale, Kommoden, niedrige Tische und so weiter.
Hängen Sie über den Eßbereich in Ihrer Wohnküche ein breites Bild mit in gedeckten Farben gehaltenen Landschaften auf. Verwenden Sie Keramikgeschirr, und stellen Sie gelbe Blumen in Terrakotta-Töpfen auf.

Metall

Urbild: Das Himmelsgewölbe als über die Erde gespannte Kuppel; der sich im Herbst über die Fluren legende Nebel, der erste Schnee: Alles verliert an Farbe und damit an individuellem Leben. Der weiße, polierte Glanz des Metalls der Erntewerkzeuge. Beim Menschen: Mit anderen im Kreis sitzen, stehen, tanzen (zum Beispiel Versammlungen, Kettentänze).

Entsprechungen

Formen: rund und gewölbt; der Kreis

Im Kreis fühlen wir uns einerseits aufgehoben und geborgen, empfinden ihn als schützende Begrenzung, andererseits können wir ihn auch als Beengung erleben. Das Umkreisen von Menschen, Häusern und Gegenständen war und ist in vielen

Gegenden der Welt eine rituelle Handlung, die Böses aus dem so gezogenen Kreis verbannen möchte.
Im »Kreis der Familie« oder der Liebsten ist ein Ausdruck, der zeigt, daß runde Formen stets mit Gemeinschaftssinn und sozialer Aktivität in Verbindung gebracht wurden. Viele Gemeinschaftsbeschäftigungen wie Spiele finden im Kreis statt und zeigen die Gleichwertigkeit aller Teilnehmer.
Schließlich steht er für den Gedanken der Rückkehr an den Ausgangsort und damit entweder für Wiederholung oder für Vollendung von Prozessen. Sakrale Bauten weisen mit Vorliebe kreisförmige Elemente auf, weil sie an die Vollkommenheit des Göttlichen erinnern.

Beispiele: alle Möbel mit runden oder halbrunden Flächen, wie runde, auch ovale Tische; runde Spiegel und Bilder; runde Lampenschirme; runde Teller an den Wänden; Türkränze und Kränze überhaupt; Kugeln wie etwa Christbaumschmuck, aber auch Kristallkugeln und ähnliches. In der Architektur: Türbögen, Fensterbögen, runde Fenster, Arkaden, Gewölbe, Kuppeln, Zwiebeltürme und so weiter.

Farbe: Weiß; Farblos

Weiß – oder besser: Farblosigkeit – steht für den Übergang von Herbst zu Winter, in dem alles an Farbe und damit im übertragenen Sinn an individuellen Leben verliert.
Wie in China ist auch bei uns diese Farbe nicht eindeutig positiv zu bewerten: Tote werden in weiße Tücher gehüllt, und Gespenster erscheinen ebenso in weißen Gewändern. Weiß hat eher eine Verbindung zu allen Dingen, die »nicht von dieser Welt« sind, wie Engel und Geister, denen man gerne weiße Gaben opferte, zum Beispiel Reis, Milch und helles Brot.

Weiß ist aber auch nach wie vor die Farbe für Reinheit und Unberührtheit schlechthin und wird mit Frische und Helligkeit verbunden.
Natürlich können auch alle metallischen Farbnuancen hinzugezählt werden.
In Wohnungen ist Weiß die beliebteste Wandfarbe. Beachten Sie jedoch, daß Weiß an sich zu Leblosigkeit tendiert. Das farblose Licht selbst erscheint uns weiß zu sein – es erhält erst eine Bedeutung, wenn es von farbigen Gegenständen reflektiert wird und dadurch sichtbar wird. Weiß reflektiert so gut wie alles Licht und steht deshalb gegen Vielfalt und Unterschiedlichkeit. Zuviel Weiß kann daher einen Raum kalt und unwirklich erscheinen lassen. Wer weiße Wände hat, sollte sich deshalb darüber Gedanken machen, diese mit Farbe im Raum zu kontrastieren.

Material: Metalle

Alle Metallsorten gehören dieser Wandlungsphase an, am deutlichsten aber jene, welche einen weißlichen Glanz haben wie Zinn, Silber, Chrom, Edelstahl, Aluminium, Titan. Kupfer, Gold und Bronze hingegen tendieren bereits in Richtung *Feuer*.

Beispiele: Tischgestelle aus Chrom; Metallverstrebungen an Regalen; Türklinken und -griffe aus Metall; Lampensockel und -schirme aus Metall; Metallbeschläge an Fenstern und Türen; Eisen, Gußeisen und Gitter; Metallrahmen für Bilder; Dunstabzugshaube, Boiler und so weiter.

Symbole

Dazu gehören alle Motive, die im engeren und weiteren Sinn auf die Inhalte der *Metall*-Symbolik verweisen.

Beispiele: Bilder mit herbstlichen Motiven, etwa einem Sonnenuntergang; Bilder von sich begegnenden Menschen, auch Familienfotos, Hochzeitsbilder; Schmuck, Münzen, Geld, Juwelen; eine sanft hügelige Landschaft; Uhren; Glocken, Musikinstrumente; Hufeisen; Schneidewerkzeuge; indianische Traumfänger, Mandalas und so fort.

Metall – die Anwendung im Wohnbereich

Die Stimmung mit *Metall* konzentrieren

Ein Kreis zentriert alles auf einen Mittelpunkt und ist deshalb die ideale Form der Begegnung: Menschen sitzen im Kreis nebeneinander und demonstrieren damit, daß keiner höher oder niedriger gestellt ist als der andere. *Metall* fördert daher das Miteinander. Seine Stimmung (ver-)sammelt, wirkt konzentrierend und gesellig zugleich. *Metall* schließt den Kreis – das heißt, es bringt einen Prozeß zu seinem Ende. Es hilft uns daher, uns darauf zu konzentrieren, einmal Begonnenes auch zu vollenden.
Setzen Sie *Metall* ein, wenn eine Hausgemeinschaft nur schwer zueinander findet und sich oftmals Streitigkeiten ergeben, oder einfach um den bestehenden Zusammenhalt zu bewahren. Wenn das Problem darin besteht, daß Sie eine in Arbeit befindliche Angelegenheit einfach nicht zu Ende bringen und sich immer wieder Hindernisse in den Weg stellen, kann *Metall* Ihnen helfen, Ihren Geist auf einen erfolgreichen Abschluß einzustimmen.

Beispiele: Verwenden Sie in einem Gemeinschaftsraum einen runden Tisch, um den alle Mitglieder eines Haushaltes sitzen können. Wenn dies aus Platzgründen nicht geht, hängen Sie einen runden Lampenschirm, am besten einen kugelförmigen, über dem Tisch auf. Plazieren Sie in der Mitte des Tisches ein rundes Ensemble, beispielsweise eine runde Schale mit Obst, Blüten. Richten Sie sich an Ihrem Arbeitsplatz oder in Sichtweite davon eine runde Schale her, in die Sie zum Beispiel Duftpotpourris, Blüten oder auch schöne Steine legen. Auch eine runde Bergkristallkugel mag Ihnen helfen, sich auf die Beendigung einer Aufgabe zu konzentrieren.

Typische Wohnbereiche mit *Metall*-Stimmung schaffen

- Wohnzimmer: als Raum für gemeinsame Aktivitäten der Gemeinschaft.
- Besprechungs- und Beratungszimmer
- gemeinsamer Aufenthaltsraum
- Hobbyraum, Werkraum: für handwerkliche Tätigkeiten während der Freizeit.
- Musikzimmer
- Büro zur Verrichtung von Aufgaben, die erledigt werden müssen.
- Arbeitszimmer: besonders für grafische Künstler und Designer, aber auch für Goldschmiede; alle beratenden Berufe, auch Ingenieure, Juristen, Militärs und Polizisten.

Verwenden Sie für diese Bereiche Elemente aus den oben genannten Entsprechungen aus, und plazieren Sie sie an herausgehobener Stelle, etwa im Schwerpunkt des Raumes oder einfach im Blickfeld.

Beispiele: Im Wohnzimmer stellen Sie die Sitzmöbel in einer kreisförmigen oder halbkreisförmigen Formation auf und zentrieren sie um einen niedrigen runden Tisch, darüber bringen Sie einen runden Lampenschirm an.
Einen Beratungsraum dekorieren Sie mit einem Kreis an der Wand, entweder gemalt oder einen runden Teppich oder ein rundes Bild, auch ein runder Spiegel.
In Hobby- und Werkräumen verwenden Sie weiße oder aus Metall gefertigte Regale.
In einem Büro ist es hilfreich, über oder am Schreibtisch eine runde Uhr anzubringen.

Wasser

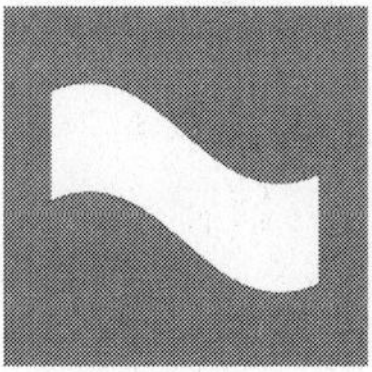

Urbild: Die Form- und Gestaltlosigkeit des Wassers; Welle. Die Dunkelheit und Tristesse des Winters, aber auch die lichtlose Tiefe des Wassers. Beim Menschen: Menschenmassen, das Volk.

Entsprechungen

Formen: formlos und vielgestaltig

Wasser löst alle Substanz in ihre Bestandteile auf und nimmt den Dingen ihre Form und damit ihre Beständigkeit. Wasser

besitzt die Eigenschaft, sich den Gestalten der Gefäße, in die es gegossen wird, anzupassen.
Beispiele: Einrichtungsgegenstände, die diese Formen aufweisen, sind eher unüblich und zumeist eher Designerstücke denn herkömmliches Inventar. In der Architektur entspricht dies Häusern, die durch ihre Vielfalt an Formen keinem bestimmten Typus zugeordnet werden können.

Farbe: Schwarz und Dunkelblau

Schwarz wird mit dem dunklen Norden und dem Winter mit seinen kurzen, lichtlosen Tagen in Zusammenhang gebracht. Aus diesem Grund könnte man Lichtlosigkeit als eigentliche »Farbe« des *Wassers* bezeichnen, da Wasser um so dunkler und schwärzer erscheint, je tiefer es ist, weil es alles Licht schluckt.
Schwarz gilt als die Farbe alles Dämonischen und Bösen, wohl aus dem Grund, weil es für die Formlosigkeit des Chaotischen steht im Gegensatz zur lichten Ordnung des Göttlichen. Im Grunde weist es auf Situationen hin, in denen noch nichts entschieden ist und jede Möglichkeit noch offenzustehen scheint.

Wichtig! Gehen Sie mit Schwarz sparsam und vorsichtig um, denn es deutet das Fehlen von Ordnung und damit von Sinnhaftigkeit an.

Schwarz zieht uns nach unten und sollte deshalb in der Hauptsache als Kontrast mit anderen Farben eingesetzt werden, so daß es seinen Sogeffekt nicht entfalten kann. Am besten kombinieren Sie *Wasser* mit *Metall* (beispielsweise über Kreisformen), um das tendenziell frei fluktuierende *Wasser* konstruktiv zu binden.

Für Dunkelblau (Indigo) gilt prinzipiell das gleiche, wobei es eher mit dem Nachthimmel assoziiert wird.

Material: Wasser; Glas

Wasser selbst bietet sich als Material natürlich nicht an, doch kann es in Kombination mit dem ihm verwandten Glas eingesetzt werden, welches ihm einerseits Form gibt, andererseits seinen typischen Charakter offenbart. Glas selbst kann als *Wasser*-Entsprechung betrachtet werden, da es so transparent wie Wasser sein kann, aber auch schwarz wirken kann, wie manchmal zu beobachten ist, wenn man Fenster von außen betrachtet. Zudem besitzt es über seine schlechte Wärmeleitfähigkeit Bezug zur Kälte von Wasser.

Beispiele: Wassersäulen, Glasschalen mit Wasser; Glastische, Glasböden bei Regalen; Fensterscheiben; Trinkgläser und ähnliches.

Symbole

Was auch immer thematisch zu den Entsprechungen von *Wasser* paßt, kann als Symbol eingesetzt werden:

Beispiele: Zierbrunnen; Bilder mit Wasserlandschaften, beispielsweise Wasserfälle, Fontänen, Flüsse, Seen, Meer; Fische und Meerestiere; Nachtaufnahmen, besonders von Großstädten; Sternenhimmel; abstrakte Bilder, die nicht aus Formen, sondern nur aus fließenden Übergängen bestehen, und so fort.

Wasser – die Anwendung im Wohnbereich

Die Stimmung mit *Wasser* vertiefen

Da Wasser stets nach unten fließt, symbolisiert es auch die Kraft aus der Tiefe, den Kontakt zu den Kräften, die in uns schlummern und geweckt werden möchten. Es befreit uns von alten überholten Gedanken und Gefühlen und »mischt die Karten neu«, gibt uns Hoffnung auf einen neuen Anfang. Wasser reinigt von Schmutz und allem, was an den Dingen haftet: Es gibt das Gefühl von Frische und Neubeginn. Formen und Muster, die *Wasser* entsprechen, schaffen eine Atmosphäre des Möglichen und inspirieren uns. Es macht flexibel und fördert die kreativen Kräfte, die in uns liegen.
Verwenden Sie *Wasser*-Entsprechungen, wenn Sie sich innerlich »ausgebrannt« fühlen und das Gefühl haben, den Kontakt zu sich selbst verloren zu haben. Auch wenn Ihnen bei der Arbeit die nötige Inspiration fehlt oder die Arbeit alltäglicher Trott geworden ist: *Wasser* öffnet Ihren Sinn für neue Möglichkeiten.

Beispiele: Plazieren Sie an einem gut sichtbaren Ort einen Zimmerbrunnen oder auch ein Bild mit einem Wasserfall: Sie sollten sich an diesem Anblick mehrmals täglich freuen können. Eine Kugel aus schwarzem Stein auf dem Schreibtisch hilft ebenfalls aus kreativen Krisen heraus.

Typische Wohnbereiche mit *Wasser* schaffen

- Badezimmer, WC
- Waschküche
- Küche: vom Spülbecken bis zur Spülmaschine. (Gehen Sie in der Küche jedoch sparsam mit zusätzlichen *Wasser*-Symbolen um.)

- Meditationsraum: Ein Raum, um mit sich allein zu sein und die eigenen Tiefen auszuloten.
- Arbeitsplatz: vor allem für Menschen, die mit Kommunikationsmedien zu tun haben, und für Schriftsteller; generell alle künstlerischen Berufe, auch Diplomaten, Psychologen, Forscher. Ebenso: Händler und Kaufleute.

Verwenden Sie für diese Bereiche Elemente aus den oben genannten Entsprechungen aus, und plazieren Sie diese an herausgehobener Stelle, etwa im Schwerpunkt des Raumes oder einfach im Blickfeld.

Beispiele: Dekorieren Sie Ihr Badezimmer mit Fischen, Muscheln und ähnlichem, oder verwenden Sie zum Aufbewahren von Badezusätzen und Shampoos Gefäße aus dunkelblauem Glas.
Ein Meditationsraum erhält spirituelle Tiefe, wenn Sie an einer Wand ein nachtblaues Emblem anbringen, am besten in Kreisform.
Am Arbeitsplatz eines Künstlers kann ein bizarres Objekt (am besten aus Metall) Quelle neuer Inspirationen sein.

Übersicht: Die Stimmungen der Wu Xing

Stimmung	Beschreibung
Holz	**»Ich kann«**: Mut, Durchsetzungskraft, Pioniergeist, kraftvoller Aufbruch, Optimismus, die Ideen fließen, Entschlossenheit, Großzügigkeit.
Feuer	**»Ich will«**: Leidenschaft, Überzeugung, Enthusiasmus, mit Freude bei der Sache sein, Hingabe, für etwas »brennen«.
Erde	**»Ich mache«**: Konkretisierung, Produktion, Festigung, Beständigkeit, Konsequenz, zuverlässig, pragmatisch.
Metall	**»Ich gebe«**: Vollendung, sich ergänzen, Interesse am anderen, Notwendigkeiten berücksichtigen, für Ausgleich sorgen, Gerechtigkeit, Disziplin, Genauigkeit.
Wasser	**»Ich bin«**: Kreativität, innere Tiefe, sein Potential erkennen, die eigenen Möglichkeiten erfahren und ausdrücken, sich verständigen, sich mitteilen.

Die Wu Xing und ihre Stimmungen

Prägen Sie sich diese Stichworte ein, und versuchen Sie eine Art »Stimmungsbild« für jedes Xing zu entwickeln: Dies soll Ihnen helfen, in Ihrem Lebensraum Mängel zu erkennen und mit den entsprechenden Heilmitteln zu beseitigen.
Um herauszufinden, welche der Wandlungsphasen Ihnen im Augenblick am ehesten entspricht, benutzen Sie den Fragebogen auf Seite 139.

Der Zyklus der Wu Xing

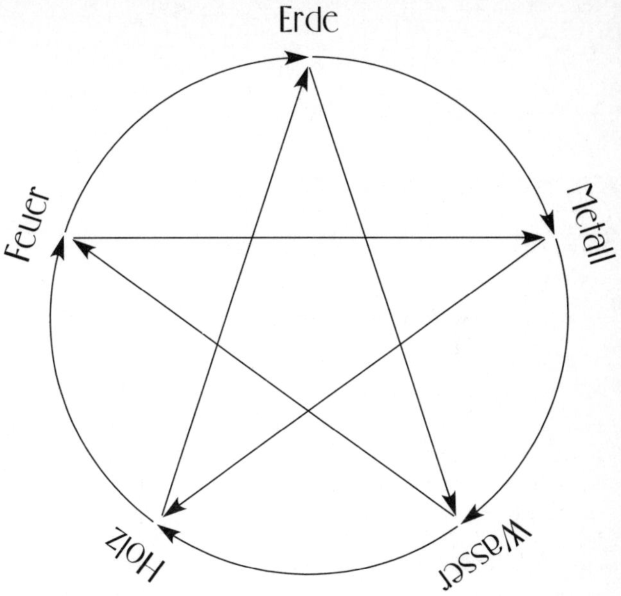

Wu-Xing-Zyklus

Der fördernde und der ableitende Zyklus

Man kann sich die fünf Gehweisen als Stationen an der Peripherie eines Rades vorstellen, welches sich unaufhörlich dreht. Jeder Punkt auf dem Rad passiert unweigerlich eine der Wandlungsphasen und nimmt dessen Eigenschaften an. So fließen die einzelnen Zustände ineinander und bedingen sich in ihrer Reihenfolge:

So geht Feuer aus Holz hervor: das Bild des Verbrennungsprozesses. Aus Feuer geht Erde hervor, wie die fruchtbare Asche, die nach der Verbrennung übrigbleibt. Aus Erde geht Metall hervor, wie man Erze im Gestein findet. Wasser geht aus Metall hervor, wie kondensierende Tropfen an einem kalten Metallgefäß. Holz schließlich geht aus Wasser hervor, der Grundlage für pflanzliches Wachstum. Hier schließt sich der Kreis.
In diesem Zyklus »nährt« ein Xing das folgende und bildet so die notwendige Grundlage für die Entfaltung seiner Kraft. Deshalb wird er der *fördernde Zyklus* (im Uhrzeigersinn) genannt und ist der Bezugspunkt für alle anderen Zyklen, weil er die optimale Entwicklung der Wandlungsphasen darstellt. Jede Wandlungsphase nährt sich auch auf Kosten der vorangehenden, so daß diese auf natürliche Weise an Kraft verliert – sie gibt ihre Energie an den Folgezustand ab. Deshalb nennt man den umgekehrten Zyklus (gegen den Uhrzeigersinn) *ableitenden Zyklus.*

Arbeiten mit dem fördernden Zyklus

Verwenden Sie den fördernden Zyklus, um die Stimmung in einem Raum anzuheben, indem Sie Attribute der *vorangehenden* Wandlungsphase kombinieren.

Problem: Sie haben zwar gute Ideen, aber es fehlt Ihnen das Selbstvertrauen, diese umzusetzen. Deshalb wollen Sie an Ihrem Arbeitsplatz *Feuer* fördern.

Überlegung: *Holz fördert Feuer* und damit das nötige Selbstvertrauen und den Mut, Ihr Vorhaben anzupacken.

Lösung: Setzen Sie ein Heilmittel ein, das zeigt, wie aus *Holz Feuer* hervorgeht, indem Sie *Feuer* mit *Holz* kombinieren.

Beispiele: Stellen Sie sich einen roten länglichen Gegenstand auf Ihren Schreibtisch, beispielsweise eine rote Kerze; stellen Sie sich eine grüne Pflanze auf Ihren Schreibtisch, die rote Blüten trägt; legen Sie rote Äpfel in eine grüne Schale; hängen Sie ein Bild, das ein *Feuer*-betontes Motiv zeigt, in einem Holzrahmen auf; stellen Sie eine Sonnenblume in einer hohen, schlanken Vase auf und so weiter.

Arbeiten mit dem ableitenden Zyklus

Verwenden Sie Attribute der *nachfolgenden* Wandlungsphase, wenn Sie ein Zuviel an einer bestimmten Stimmung feststellen. So leiten Sie überschüssige Energien sanft im Rahmen des ableitenden Zyklus ab.

Problem: Sie kommen mit Ihrer Arbeit nicht zu einem Ende, verzetteln sich gerne in Details und fühlen sich erschöpft.

Überlegung: Hier herrscht ein Überschuß an *Erde* vor, der Sie davon abhält, der Sie gewissermaßen auf der Stelle treten läßt. Aber: *Metall leitet Erde ab!*

Lösung: Setzen Sie ein Heilmittel ein, welches zeigt, daß aus *Erde Metall* wird, indem sie beides richtig kombinieren.

Beispiele: Plazieren Sie eine polierte Marmorkugel auf Ihren Schreibtisch; hängen Sie sich ein rundes Bild mit einem *Erde*-betonten Motiv auf; wählen Sie ein *Erde*-betontes Bild in einem Metallrahmen; stellen Sie in eine (gelbe) Keramikvase Blumen mit weißen Blütenblättern und so weiter.

Übersicht: Stimmungen fördern und dämpfen

Stimmung	(a) Mangel	(b) fördern mit	(c) Übermaß	(d) dämpfen mit
	selbstgefällig, mutlos, »Ja-Sager«, schüchtern, unflexibel.		waghalsig, unbedacht, gutgläubig, naiv, unreif, zornig.	
	antriebslos, Zweifel, Desinteresse, gleichgültig, lustlos.		Hektik, Eifersucht, Besessenheit, fanatisch, nervös.	
	unkonzentriert, labil, unproduktiv, launisch, unkonkret.		stur, konservativ, gestreßt, Stagnation, dogmatisch.	
	egoistisch, hartherzig, selbstgerecht, kann nicht loslassen, ungenau.		Selbstopfer, kann nicht allein sein, akribisch, perfektionistisch.	
	Angst vor Unbekanntem, depressiv, gelangweilt, phantasielos.		wirr, diffus, unverständlich, ohne Perspektive, vage, Lüge.	

Wu Xing – Mangel, Übermaß und Ausgleich

Vergleichen Sie vorangehende Übersicht mit der Tabelle auf Seite 128. Hier finden Sie Stimmungsbilder, die entweder (a) einem Mangel an der Qualität des Xing entsprechen oder (c) einem Überschuß. Die Symbole in den Spalten (b) und (d) geben das Xing an, mit dem Sie das Ungleichgewicht beheben können.

Der kontrollierende Zyklus

In der Abbildung auf Seite 129 finden Sie in der Mitte des Kreises einen weiteren Zyklus, der jedes zweite Element miteinander verbindet. Dieser Zyklus zeigt, welche Wandlungsphase eine andere wie in einem Wettkampf zu dominieren versucht. Dadurch ergibt sich ein natürliches Spannungsverhältnis zwischen beiden: Man sagt, eine Gehweise *kontrolliert* die andere und erzwingt gewissermaßen ihre Wandlung in den nächsten Zustand. Zum Beispiel: *Feuer* kontrolliert *Metall. Metall* wird dadurch gezwungen, sich in *Wasser* zu wandeln. (*Wasser* wiederum kann nun *Feuer* kontrollieren.)

Auch dieser Zyklus kann genutzt werden, um blockierte Stimmungen in Ihrem Lebensraum mit einem kräftigen, angreifenden Impuls zu dynamisieren.

In unserem Beispiel könnte eine Blockade in der *Metall*-Stimmung durch den Einsatz von *Feuer*-Attributen aufgelöst werden. Da dieser Zyklus jedoch schwierig zu handhaben ist und genau auf die bestehenden Umstände abgestimmt werden muß, empfehle ich, ihn als Anfänger nicht in dieser Weise zu verwenden, sondern sich primär an den fördernden Zyklus zu halten.

Eine gute Einsatzmöglichkeit der Wu Xing im Sinne des kontrollierenden Zyklus besteht in der Abwehr von angreifendem Sha aus der Umgebung außerhalb des Hauses, wie ab Seite 38 beschrieben. Um hier erfolgreich zu arbeiten, müssen Sie zunächst die Quelle von Sha nach den Wandlungsphasen analysieren, um dann das kontrollierende Element gezielt einzusetzen.

Beispiele: Wenn Sie beim Blick aus dem Fenster mit einem Heizkraftwerk konfrontiert werden, haben Sie es mit einem Übermaß an *Feuer* zu tun, welches als Sha Ihren Lebensraum attackiert. *Feuer* wird durch *Wasser* kontrolliert: Nutzen Sie daher Attribute dieser Wandlungsphase, und plazieren Sie sie auf dem Fensterbrett; und kombinieren Sie dies sinnfälligerweise mit der Form von Qi, welche Ihnen hier zur Verfügung steht:

Beispielsweise eine Schale mit Wasser oder dunkelblaue Glasgefäße oder ein Glasbild mit einer Welle als Motiv: Hier kann sich das *Licht-Qi* brechen.
Oder ein Mobile mit Fischen, wenn Sie mit *Luft-Qi* arbeiten möchten.
Oder ein Aquarium mit Fischen, um das *Bewegungs-Qi* anzuregen.

Wandlungsphasen überbrücken

Während der Einsatz des kontrollierenden Zyklus sehr effektvoll sein kann, wenn man Bedrohungen von der Außenwelt in die Innenwelt auffangen möchte, ist der gezielte Einsatz dieses Zyklus in den Innenräumen problematisch und sollte nicht die erste Wahl sein. Wenn sich allerdings durch eine ungünstige Gestaltung eines Raumes zwischen zwei Xing ein Spannungsverhältnis im Sinne des kontrollierenden Zyklus aufbaut, wenn zum Beispiel Feuer-Attribute in Ihrem Wohnraum auf *Wasser*-Attribute treffen, müssen Sie diese *überbrücken*:
Bestehende Spannungen in Ihrem Lebensraum aufgrund eines Aufeinandertreffens zweier Wandlungsphasen aus dem kontrollierenden Zyklus können mit der zwischen ihnen fehlenden Wandlungsphase zum fördernden Zyklus hin überbrückt wer-

den: der ursprüngliche Zyklus wird wiederhergestellt, indem ein drittes Element vermittelt. (vergleiche dazu die Übersicht auf Seite 137)
Die gespannte Stimmung zwischen *Feuer* und *Wasser* kann ausgeglichen werden, indem die dazwischenliegende Phase eingesetzt wird, in unserem Fall: *Holz*. Dieses bildet eine Brücke zwischen den beiden Kontrahenten und schließt den Zyklus wieder. Hier einige Beispiele:

Problem: Sie möchten in einem Zimmer die Farben Rot und Schwarz kombinieren, zum Beispiel eine rote Couch mit schwarzen Kissen – dies baut eine Spannung im Sinne der Kontrolle von *Wasser* über *Feuer* auf.

Überlegung: Wasser wird über die Wandlungsphase *Holz* mit *Feuer* überbrückt.

Lösung: Sie können beispielsweise Grünpflanzen neben die Couch stellen.

Oder:

Problem: An eine weiße Wand möchten Sie ein Bild mit einer grünen Wiesenlandschaft aufhängen.

Überlegung: Das Weiß der Wand (*Metall*) konkurriert mit dem Motiv des Bildes (*Holz*): Wasser schafft eine Brücke.

Lösung: Verwenden Sie einen schwarzen Rahmen für das Bild oder ein schwarzes Passepartout und einen Metallrahmen.

Oder:

Problem: In einer Küche befinden sich der Herd (*Feuer*) und das Spülbecken (*Wasser*) nebeneinander – diese Kombination wirkt sich auf Dauer ungünstig auf den Lebensraum aus.

Überlegung: Zwischen *Feuer* und *Wasser* muß mit *Holz* eine Brücke geschlagen werden.

Lösung: Bringen Sie an der Wand zwischen Herd und Spülbecken Ihre (Holz-)Kochlöffel an. Sie können auch eine Pflanze aufstellen, wenn es der Platz zuläßt. Auch ein Bord mit Gewürzen ist eine sinnvolle *Holz*-Entsprechung. Ein Bild mit Pflanzenmotiven kommt ebenso in Frage wie ein überwiegend in grünen und blauen Farben gehaltenes.

Kontrolle nutzen und Spannungen überbrücken

Die folgende Übersicht hilft Ihnen, schnell die Wandlungsphase zu bestimmen, die notwendig ist, um entweder angreifendes Sha einer bestimmten Qualität mit der richtigen Wandlungsphase zu kontrollieren oder die Spannung zwischen einem kontrollierenden und einem kontrollierten Element zu überbrücken.

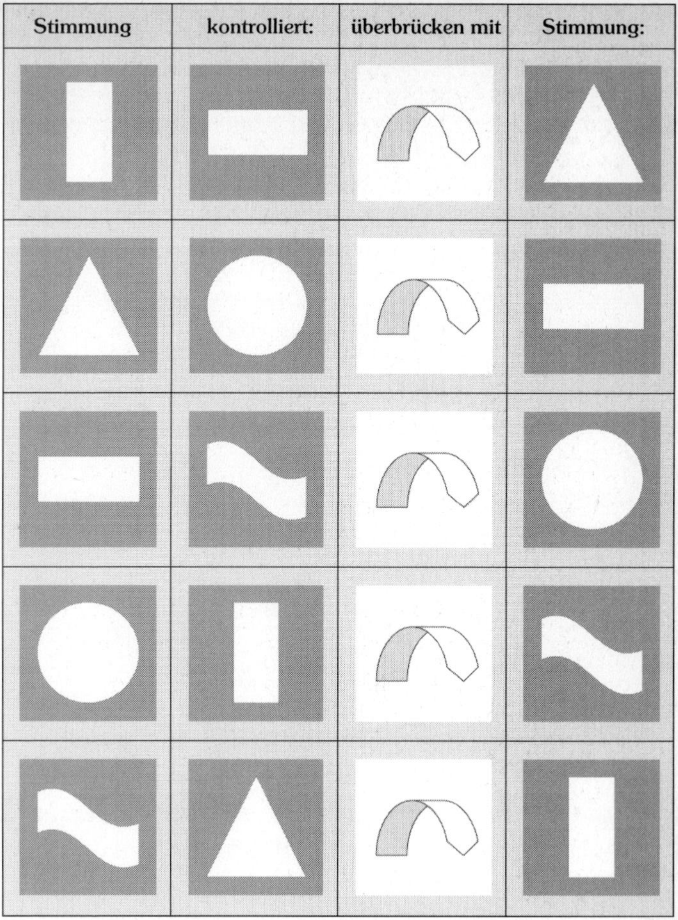

Wu Xing – Wandlungsphasen überbrücken

Die Bestimmung des eigenen Xing

Jeder Mensch besitzt eine natürliche Wesensverwandtschaft mit einer der fünf Gehweisen: Es gibt *Holz*-Typen, *Feuer*-Typen, *Erde*-Typen, *Metall*-Typen und *Wasser*-Typen. Jeder Typ neigt zu den in den Tabellen auf Seite 128 und 132 dargestellten Grundstimmungen im Denken, Fühlen und Handeln.
Wenn Sie wissen, welcher Wandlungsphase Sie sich zuordnen können, ergeben sich interessante Schlußfolgerungen für eine für Sie richtige und Ihr Wohlergehen fördernde Umgebung – entsprechend den Zyklen der Wu Xing.

Als *Feuer*-Typ beispielsweise würde Sie eine *Holz*-Umgebung besonders begünstigen, denn Sie profitieren von den Energien der Ihre Wandlungsphase fördernden Eigenschaften. Eine Umgebung hingegen, in der *Wasser*-Attribute vorherrschen, würde Sie eher nervös und angespannt machen, weil Sie dem Einfluß aus dem kontrollierenden Zyklus unterzogen werden.

Das eigentliche Problem jedoch besteht darin, wie Sie herausfinden, welche Wandlungsphase Ihnen entspricht. Auch wenn in den meisten Büchern mehr oder weniger komplizierte Formeln angeboten werden, um diese zu ermitteln, entspricht es eher der Wirklichkeit, daß jeder Mensch alle fünf Gehweisen in unterschiedlichen Proportionen in sich trägt. Um dies jedoch genauer zu kalkulieren, ist ähnlich wie in der herkömmlichen westlichen Astrologie eine ausführliche und ziemlich aufwendige Berechnung nach Geburtsdatum, -zeit und -ort notwendig, zum Beispiel ein sogenanntes *Ming-Shu*-Horoskop.*

---

* Näheres hierzu erfahren Sie beim Autor unter der im Anhang angegebenen Kontaktadresse

In der alltäglichen Praxis geht man jedoch davon aus, daß sich das Prinzip der Wandlung auch auf die Stimmungslage des Menschen bezieht und über jener Grundstimmung, die von astrologischen Faktoren abhängt, die gesamte Palette aller Stimmungen in ständigem Wechsel zum Ausdruck kommt. Mal sind wir eben eher von Feuer beseelt, mal spüren wir eher die Ruhe der *Erde*, dann benötigen wir die Präzision und die Disziplin von *Metall*, die Inspiration von *Holz* oder suchen nach der inneren Tiefe von *Wasser*. Um jede dieser Phasen unserer Stimmungslandschaft optimal zu nutzen, können wir nun über die Lehre der Wu Xing unsere Umgebung so gestalten, daß wir in unseren Bemühungen und Wünschen gestärkt werden.

Vergleichen Sie für einen allgemeinen Überblick über die Stimmungen der Wu Xing die Übersicht auf Seite 128. Der folgende Fragebogen wird Ihnen helfen, Ihre gegenwärtige Situation einzuschätzen und entsprechende Feng-Shui-Maßnahmen im Sinne der Wu Xing zu ergreifen.

Fragebogen: Die gegenwärtige Stimmung ermitteln

Der folgende Fragebogen soll Ihnen dabei helfen herauszufinden, welche Stimmung gerade in Ihrem Leben vorherrscht und welche Maßnahmen im Sinne von Feng Shui Sie zur Harmonisierung in Ihren Lebensraum einbeziehen können.

Am besten, Sie versetzen sich für einen Augenblick in Ihre gegenwärtige Situation und nehmen Kontakt mit sich selbst auf. Beantworten Sie dann die Fragen so spontan wie möglich und entsprechend dem Gefühl, welches Sie in sich spüren.

Die Auswertung finden Sie auf Seite 144.

1. Sie sitzen in einem Straßencafé, und auf einmal werden Sie von einem attraktiven Mann (einer attraktiven Frau) angesprochen, ob noch ein Platz an Ihrem Tisch frei sei. Der Mann/die Frau lächelt Ihnen unverbindlich zu, und Sie merken, daß Sie hier die Chance haben, jemanden kennenzulernen – und dies auch gerne tun würden. Was tun Sie?
   (a) Ich lächle zurück und versuche vorsichtig ins Gespräch zu kommen. **2**
   (b) Ich lade die Person sofort ein und überlege, wie ich die Sache noch beschleunigen kann. **4**
   (c) Ich warte ab, bis ich angesprochen werde. Wenn dann nichts kommt, gehe ich davon aus, daß es eben nicht hat sein sollen. **0**

2. Sie haben mit einer Freundin (einem Freund) einen Kinoabend zu zweit ausgemacht, auf den Sie sich schon lange gefreut haben. Kurz bevor Sie aufbrechen wollen, sagt Ihnen Ihre Freundin (Ihr Freund) ab, weil er/sie vergessen hat, daß sich schon seit langem Besuch aus Amerika für heute angekündigt hatte. Wie reagieren Sie?
   (a) Sie sind sauer und machen dem/der anderen Vorwürfe, daß jetzt der ganze Abend für Sie verloren sei und Sie jetzt nicht wissen, was Sie mit sich anfangen sollen. **4**
   (b) Sie überlegen kurz und schlagen vor, ob man nicht einfach etwas zu dritt machen könnte. **2**
   (c) Sie sind insgeheim froh, weil Sie im Moment sowieso keine Lust zu gar nichts haben. **0**

3. Sie haben völlig vergessen, daß Sie für heute abend Ihre Chefin (Ihren Chef) zu sich nach Hause eingeladen haben: Es bleiben Ihnen noch wenige Stunden, um das versprochene Menü auf die Beine zu stellen und die Wohnung auf Vordermann zu bringen. Was tun Sie?
   (a) Ich vereinfache das Menü, rufe schnell einen Freund (eine Freundin) an und schildere die Situation mit der Bitte, mir zu helfen. **2**
   (b) Ich verzweifle und sage die ganze Einladung unter einem Vorwand ab. Hinterher mache ich mir Vorwürfe, weil ich mir dadurch eventuell eine Chance verpatzt habe. **0**
   (c) Ich sehe das ganze nicht so dramatisch und mache mich stur an die Arbeit: Schließlich lasse ich mich nicht gerne unter Druck setzen. Wenn ich nicht fertig werde, habe ich eben Pech gehabt. **4**

4. In der Arbeit werden Sie – zu Recht – von Ihren KollegInnen für einen Fehler kritisiert, der für alle mehr Arbeit bedeutet. Wie reagieren Sie?
   (a) Ich höre mir die Kritik an und versuche gemeinsam mit den anderen herauszufinden, woran es gelegen haben könnte und wie man es künftig besser machen könnte. **2**
   (b) Ich schalte auf stur und mache deutlich, daß sich die anderen doch besser um ihre eigenen Sachen kümmern sollen. **0**
   (c) Ich weise die Kritik weit von mir und mache meine Kritiker darauf aufmerksam, wo diese ihrerseits Fehler gemacht haben, im Vergleich zu denen mein Ausrutscher als verzeihlich zu betrachten ist. **4**

5. Sie bekommen einen neuen, jungen Kollegen, dem alles, was er anpackt, so locker von der Hand geht, als ob er sein ganzes Leben nichts anderes gemacht hätte – kurz: Er übertrifft Sie um Längen. Wie ergeht es Ihnen damit?
   (a) Ich betrachte diese Situation als eine Chance, noch einmal über meine eigene Fähigkeiten nachzudenken, um herauszufinden, was mich vor ihm auszeichnet und wie sich dies ergänzen könnte. **2**
   (b) Ich fühle mich abgewertet und verunsichert und bekomme Depressionen. **0**
   (c) Ich werte den anderen innerlich ab und bilde mir ein, daß mir mit all meiner Kompetenz und Erfahrung niemand das Wasser reichen kann. **4**

6. Sie schalten willkürlich durch das Fernsehprogramm. Bei welchen Szenen halten Sie inne?
   (a) Ein heftiges Streitgespräch in einer Diskussionsrunde, bei dem die Teilnehmer richtig ausfallend werden. **4**
   (b) Eine Frau mit verzweifelter Miene geht einsam und verlassen durch den Regen. **0**
   (c) Ein Mann muß zum ersten Mal aus einem Flugzeug in 3000 Meter Höhe mit dem Fallschirm abspringen – sonst hat er seine Wette verloren. **2**

7. Was würden Sie jetzt am liebsten tun?
   (a) Bei einem Glas Wein einen spannenden Krimi lesen. **2**
   (b) Einen Fernsehabend mit einer Tüte Chips. **0**
   (c) Meine Wohnung umräumen. **4**

8. Welche Maxime würden Sie momentan als zutreffend für Ihre Situation bezeichnen?
   (a) Nobody's perfect! **2**
   (b) Hilf dir selbst, sonst hilft dir keiner. **4**
   (c) Eile mit Weile. **0**

9. Sie sollen eine Bekannte bei der Auswahl eines der folgenden Bildmotive beraten. Was empfehlen Sie?
   (a) Ein Stilleben mit Obst und Früchten. **0**
   (b) Die Skyline von New York. **4**
   (c) Eine Schwarzweiß-Fotografie einer Straßenszene in Paris. **2**

10. Wie sieht es gegenwärtig mit Ihrem Ordnungssinn aus?
   (a) Zur Zeit finde ich mich in meinem Chaos selbst nicht mehr zurecht. **4**
   (b) Gegen Unordnung gehe ich prinzipiell sofort vor. **0**
   (c) Damit habe ich zur Zeit keine Probleme. **2**

11. Was bewundern Sie an einem Menschen zur Zeit am meisten?
   (a) Optimismus **1**
   (b) Zufriedenheit **3**
   (c) Selbstvertrauen **0**
   (d) Organisationstalent **2**

12. Mit welchem Menschen würden Sie sich jetzt am liebsten unterhalten?
   (a) Einem erfolgreichen Schauspieler. **0**
   (b) Einem buddhistischen Mönch. **3**
   (c) Einem Forscher. **1**
   (d) Einem Philosophen. **2**

13. Welche der Tätigkeiten wäre Ihnen im Augenblick absolut zuwider?
(a) Eine Gebrauchsanleitung studieren. **1**
(b) Über Politik diskutieren. **2**
(c) Akten sortieren **0**
(d) Jemandem mein Lieblingsrezept erklären. **3**

14. Wo würden Sie am liebsten Urlaub machen?
(a) Allein mit meinem Partner auf einer Berghütte. **1**
(b) Mit Freunden auf einem Bauernhof in der Toskana. **2**
(c) Zu Hause. **0**
(d) Mit einer Studienreisegruppe in Asien. **3**

15. Wie viele Ihrer positiven Eigenschaften fallen Ihnen spontan ein?
(a) Keine **0**
(b) Vielleicht drei – aber nicht spontan. **1**
(c) Mindestens drei bis fünf. **2**
(d) Ich kann ein ganzes Blatt damit ausfüllen. **3**

Auswertung

Im folgenden erfahren Sie, welche Stimmung in Ihrem Leben gegenwärtig dominant ist und welche Wandlungsphase Sie in Ihrer Umgebung einsetzen müssen, um bei einem Überfluß oder einem Mangel für Ausgleich zu sorgen. Vergleichen Sie hier auch die Tabelle »Wu Xing – Mangel, Übermaß und Ausgleich« auf Seite 132.
Liegen Sie überall im mittleren Bereich der Punktezahl, scheinen Sie zur Zeit innerlich ganz zufrieden zu sein. Dennoch lassen sich oft Tendenzen feststellen, die entweder in Richtung

Mangel oder Überfluß führen können. Hier könnten Sie für Stabilisierung sorgen, indem Sie das entsprechende Xing selbst stärken. Vergleichen Sie hierzu die Tabelle »Die Wu Xing und ihre Stimmungen« auf Seite 128.

Zählen Sie die Punkte der Fragen 1, 6 und 11 zusammen.

Punkte	*Stimmung*	*Ausgleich mit*
0 ... 3	Mangel an Holz	→ Wasser
4 ... 7	Positiver Holz-Zustand	→ Holz
über 7	Überfluß an Holz	→ Feuer

Zählen Sie die Punkte der Fragen 2, 7 und 12 zusammen.

Punkte	*Stimmung*	*Ausgleich mit*
0 ... 3	Mangel an Feuer	→ Holz
4 ... 7	Positiver Feuer-Zustand	→ Feuer
über 7	Überfluß an Feuer	→ Erde

Zählen Sie die Punkte der Fragen 3, 8 und 13 zusammen.

Punkte	*Stimmung*	*Ausgleich mit*
0 ... 3	Mangel an Erde	→ Feuer
4 ... 7	Positiver Erde-Zustand	→ Erde
über 7	Überfluß an Erde	→ Metall

Zählen Sie die Punkte der Fragen 4, 9 und 14 zusammen.

Punkte	*Stimmung*	*Ausgleich mit*
0 ... 3	Mangel an Metall	→ Erde
4 ... 7	Positiver Metall-Zustand	→ Metall
über 7	Überfluß an Metall	→ Wasser

Zählen Sie die Punkte der Fragen 5, 10 und 15 zusammen.

Punkte	*Stimmung*	*Ausgleich mit*
0 ... 3	Mangel an Wasser	→ Metall
4 ... 7	Positiver Wasser-Zustand	→ Wasser
über 7	Überfluß an Wasser	→ Holz

Kreative Wohnraumgestaltung mit den Wu Xing

In diesem Abschnitt möchte ich Ihnen einige Anregungen, Tips und Beispiele geben, wie Sie die Mosaiksteine der vorangegangenen Ausführungen in Ihrem Lebensraum zu einem harmonischen Gesamtbild zusammenfügen können. Dabei kommt der Vorteil der Wu Xing deutlich zum Tragen, denn wie sich zeigen wird, verfügen Sie über eine schier unendliche Bandbreite an Möglichkeiten der Wohnraumgestaltung, so daß für jeden Geschmack und vor allen Dingen für jeden Geldbeutel etwas dabeisein kann. Lassen Sie sich inspirieren!

Folgenden Grundsatz sollten Sie jedoch unbedingt bei der Kombination von Formen, Farben und Materialien berücksichtigen:

Form geht vor Farbe. Farbe geht vor Material.

Dies bedeutet, daß die Gestalt der Gegenstände einen größeren Einfluß auf das Feng Shui Ihres Lebensraumes hat als die Farbe, Material wiederum nicht so stark wahrgenommen wird wie die Farbe eines Gegenstandes. Den größten Effekt erzielen Sie durch die Kombination von Form und Farbe.

Beispiele:
Welcher Wandlungsphase entspricht eine schwarze Pyramide aus Stein? – In erster Linie *Feuer* (Form), in zweiter Linie *Wasser* (Farbe) und zuletzt Erde (Material). Um den Zyklus zu vervollständigen, müßte hier entweder *Holz* oder *Metall* eingesetzt werden: zum Beispiel ein hölzerner Sockel oder ein weißer Stoff.
Welcher Wandlungsphase entspricht ein schwarzlackierter Metallpfosten? – Er entspricht zuerst Holz, dann Wasser, dann Metall.
Welcher Wandlungsphase entspricht ein roter Teller aus Keramik? – Er entspricht zunächst *Metall*, dann *Feuer*, dann *Erde*.

Der detaillierte Farbzyklus

Besonders einfach ist die Umsetzung der Wu Xing durch den Einsatz von Farben, denn diese sind in aller Regel leicht verfügbar und problemlos anzubringen: Ein neuer Anstrich, ein schönes Bild, ein paar dekorative Objekte – schnell lassen sich mit Hilfe von Farben die gewünschten Stimmungen erzeugen.
In der folgenden Abbildung finden Sie den detaillierten Farbzyklus, der nicht mehr nur aus den fünf Grundfarben der Wu Xing besteht, sondern weitere Mischungen und Nuancen an der richtigen Stelle im Zyklus der Wandlungsphasen zeigt.

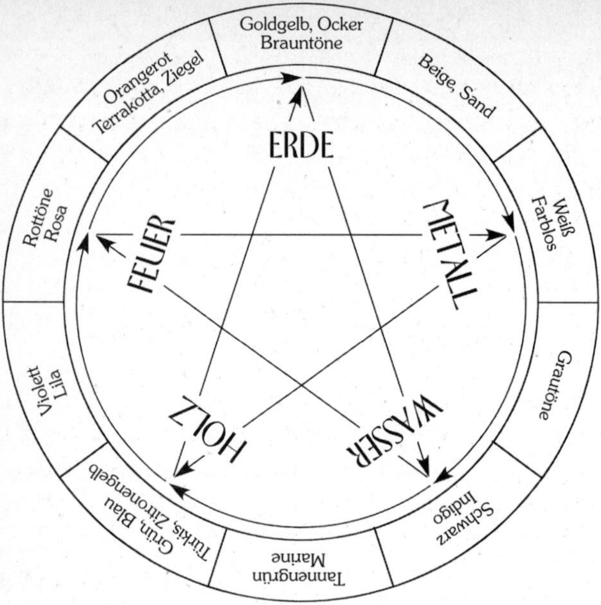

Wu Xing – detaillierter Farbzyklus

Sie können die Farbtöne zwischen den Hauptphasen als Mischung der beiden Qualitäten betrachten und entsprechend einsetzen. Je nach Mischungsverhältnis tendieren sie mehr in die eine oder andere Richtung. Beispielsweise Violett tendiert aufgrund seines höheren Rotgehaltes eher in Richtung *Feuer*, während die kühlere Farbe Lila eher in Richtung *Holz* weist. Oder: Helles Grau gehört eher in den Bereich *Metall*, während Anthrazit und Asphaltgrau stärkeren *Wasser*-Charakter zeigen. Sie können alle Farben je nach Geschmack miteinander kombinieren – auch im Rahmen des *kontrollierenden Zyklus*. Jedoch sollten Sie dann daran denken, entweder über Form, Material oder Symbolik ein überbrückendes Element einzusetzen.

Zum Beispiel: Die Kombination von Weiß (*Metall*) und Blau (*Holz*) im Badezimmer wird bereits durch das »Thema« des Raumes *Wasser* überbrückt. Ebenso wäre denkbar, zusätzlich Grautöne einzusetzen oder einige schwarze Utensilien im Blickfeld zu plazieren. Zusätzliche Elemente aus Glas oder dekorative Objekte mit Meersymbolik unterstreichen die Stimmung.

Stile, Stimmung und Ambiente

Durch die geschickte Kombination von Farben, Materialien und Formen der Wu Xing können Sie in Ihrem Wohnbereich gezielt ein bestimmtes Ambiente schaffen – ganz nach Ihrem Geschmack. Im folgenden möchte ich Ihnen einige Beispiele für aktuelle Trends in der Wohnraumgestaltung aus der Sicht von Feng Shui geben. Sie sollen zeigen, daß gutes Feng Shui nicht davon abhängt, ob Sie Ihren Lebensraum wie einen chinesischen Tempel dekorieren.

Ambiente: Spanien

Die Grundpfeiler dieses Stils sind die Wandlungsphasen
Feuer – Erde – Metall.

Feuer: Rot verleiht dem Raum eine leidenschaftliche Note, zum Beispiel in bordeauxroten Vorhängen, am besten Stores aus glänzender Seide, die seitlich drapiert werden: So lassen sie zwar Licht ein, tauchen aber zugleich die gesamte Atmosphäre des Raumes in ein warmes Licht. In weinroten Kissenbezügen oder sogar in einem roten Sofa wiederholt sich die Farbe der Vorhänge. Neben dem Sofa könnte in einer Bodenvase auch ein Strauß dunkelroter Blumen stehen.

Erde: Dunkles Parkett in Kombination mit ockerfarbenen Wänden ergeben eine sinnliche, warme Stimmung, ergänzt von Vasen, Übertöpfen und Schalen aus gebranntem Ton.
Metall: Typisch sind schmiedeeiserne Accessoires, etwa Kerzenständer und Wandleuchten. Auch Gold ist eine Farbe, welche hervorragend paßt, zum Beispiel als goldgerahmter Spiegel.

Ambiente: Griechenland

Dominant in Farbe, Form und Material sind hier
Metall – Wasser – Holz.

Metall: Kühles Weiß an den Wänden ist die wichtigste Komponente des griechischen Stils. Auch die meisten Möbel sollten weiß gehalten sein.
Wasser: Accessoires aus dunklem Meerblau heben die südländische Stimmung: Vasen, Karaffen, Blumen, Schalen und ähnliches. Blaue, halbtransparente Stores an den Fenstern erzeugen einen frischen Eindruck.
Holz: Die ideale Ergänzung sind Körbe und Holzmöbel.

Ambiente: Provence

Dieser Stil beruht auf einer Kombination von
Holz – Erde – Feuer.

Holz: Die Möblierung sollte aus Holz sein, kombiniert mit Flechtwerk und Körben.
Feuer: Sitzkissenbezüge und Vorhänge sollten Rottöne enthalten. Besonders schön wirkt hier die Farbe von Lavendel, welcher auch in Form von Blumensträußen vorhanden sein darf.
Erde: Hierzu gehören natürlich die terracottafarbenen Fliesen, wie überhaupt warme rotbraune Töne typisch für diesen Flair

sind. Aber auch die erdfarben gewischte Wand, das gemauerte Regal und große Tongefäße lassen sich wirkungsvoll einsetzen.

Ambiente: Orient

Der orientalische Stil beruht auf einer Kombination der Wandlungsphasen *Holz – Feuer – Erde.*

Holz: Typisch ist die im Orient heilige Farbe Grün, welche ins Türkise spielt. Blumenornamente finden sich überall und verzieren Säulen und Verstrebungen. Ein geschnitzter Holzparavent, grüne Vorhänge kombiniert mit luftiger Gaze und reichlich Obst, wie Feigen, Datteln und Äpfel, in Schalen angerichtet, unterstreichen das Ambiente.

Feuer: Besonders in den flammenförmig zulaufenden Bögen zeigt sich der Stil aus 1001 Nacht. Vor allem aber taucht kräftiges Rot und Orange als Akzent überall auf: in den Kissenbezügen und Vorhangstoffen aus glänzender Seide oder auch Satin. Blätter von roten Rosen auf einem Tablett und rote Früchte geben dem Raum eine sinnliche Note.

Erde: Die Horizontale wird in der gesamten Einrichtung betont – flach auf dem Steinboden werden dicke Teppiche aufeinandergelegt, darauf ruhen breite, mit vielen Kissen und Decken dekorierte Bodenpolster als Sitzgelegenheiten. In strenger rechteckiger Geometrie werden die Plätze rund um niedrige quadratische Tischchen arrangiert, auf denen Karaffen und Gläser stehen.

Ambiente: Japan

Der schlichte Japanstil verwendet in der Hauptsache *Erde – Metall – Wasser.*

Erde: Basiselement des japanischen Stils sind die sogenannten *Tatamis*, rechteckige, beige Bodenmatten aus Schilf oder Bast, schwarz eingefaßt und überall auf dem Boden ausgebreitet. Das Quadrat dominiert die gesamte Struktur – ob als quadratisch genähtes Kissen oder im Muster der Verstrebungen von Paravents oder Schiebetüren.

Metall: Das (natur-) weiße Papier der Paravents, der Wände und der Türen ist ein typisches Merkmal, ebenso wie einige auffällige kreisrunde Elemente, beispielsweise das Symbol der aufgehenden Sonne als roter Kreis auf weißem Grund an der Wand – die Staatsflagge Japans.

Wasser: Das Weiß der Wände wird durchgängig mit dem schwarzlackierten Holz der Rahmen kontrastiert. Ein kleiner Zierbrunnen mit Steinen unterstützt die Entfaltung dieses Elements.

Die Checklisten – von Raum zu Raum

Die folgenden Checklisten sollen Ihnen helfen, sich Schritt für Schritt in den einzelnen Zimmern Ihres Hauses oder Ihrer Wohnung nach den Gesichtspunkten des Feng Shui zurechtzufinden. Alles bisher Gesagte fließt hier zusammen und an den entsprechenden Stellen verweise ich Sie noch einmal auf bereits Bekanntes.

Dabei habe ich mich auf das beschränkt, was nach meinem Dafürhalten die wichtigsten Punkte jedes Raumes sind. Das bedeutet, daß Sie mit einer solchen Checkliste zugleich einen guten Überblick darüber erhalten können, welcher der Räume nun am dringlichsten zu verändern ist.

Da sich die Schritte für die Bereiche Kinder- und Arbeitszimmer wiederholen, habe ich darauf verzichtet, eigene Checklisten für sie zu entwerfen. Hier finden Sie für die Gestaltung der Einrichtung nützliche Empfehlungen, die sich in der Praxis bewährt haben. Bad und WC verdienen innerhalb der gesamten Betrachtung besondere Aufmerksamkeit, weil sie generell in der übrigen Literatur als Problemzonen behandelt werden. Hier finden Sie einige neue Standpunkte, die diese unliebsamen Bereiche in einem neuen Licht erscheinen lassen.

Der Eingangsbereich

Der Raumgestaltung rund um den Eingang sollten Sie stets Ihr besonderes Augenmerk widmen, denn die hier vorherrschenden Eindrücke werden die Qualität des gesamten Qi Ihres Hauses prägen. Man könnte auch sagen: Wenn das Feng Shui Ihres Eingangsbereiches nicht stimmt, werden Sie schwerlich in der Lage sein, das Feng Shui des gesamten Hauses positiv zu beeinflussen, da ihm von Anfang an die dazu notwendige Kraft fehlt. Es bringt daher wenig oder sogar gar nichts, wenn Sie im hinteren Bereich Ihres Hauses alles in bester Ordnung halten, wenn Qi bereits an der Schwelle zu Ihrem Eingang »abgewürgt« wird und gar nicht zur Entfaltung kommen kann.

Der Eingang ist ein Bereich des Übergangs zwischen Innen und Außen, und seine Tür ist wie eine Membran mit filternder Funktion:

- Nähert man sich ihm von außen, soll er einerseits ungünstige Einflüsse von außen abwenden, andererseits günstige einladen.
- Nachdem man die Tür passiert hat, soll er den ersten (und damit alles entscheidenden) Eindruck über Ihr Zuhause vermitteln. Sie sollten deshalb besonders sorgfältig darauf achten, was Sie dem Auge des Betrachters beim Eintreten anbieten!

Der Eingangsbereich hat im Vergleich zur Außenwelt zwar eindeutigen Yin-Charakter, im Vergleich zu allen anderen Wohnbereichen aber ist er Yang, weil er den Lebensbereich mit frischem Qi versorgt.

Die ihm zugeordnete Wandlungsphase ist *Holz*, weil er, wie der Frühling der Beginn des Jahres, der Beginn des Hauses ist.

Checkliste: Eingang

Gibt es angreifendes Sha auf Ihren Eingang oder sterbendes Sha im Blickfeld?

Lesen Sie hierzu »Sha rings um das Haus« auf Seite 38.

- **Nein.** Günstig – es besteht kein Handlungsbedarf.

- **Ja.** Ungünstig – die »Abwehrkräfte« Ihres Hauses werden geschwächt. Stärken Sie einesteils Qi des inneren Lebensraumes, und wehren Sie andernteils Sha mit Heilmitteln ab.

Haben Sie einen Vorgarten?

- **Ja.** Günstig – Qi hat die Möglichkeit, sich vor dem Eintritt in den Lebensraum zu sammeln.
- ◆ Halten Sie vor dem Eingang eine Fläche proportional zur Größe des Vorgartens frei.
- ◆ Um die Zirkulation von Qi anzudeuten, ist es am besten, diesen offenen Bereich rund zu gestalten – dies kann beispielsweise über ein kreisförmig oder oval angelegtes Beet geschehen oder einfach durch einen runden oder halbrunden Platz, bevor man zur Haustür gelangt.

- **Nein,** zum Beispiel liegt die Tür direkt an der Straße. Ungünstig – Qi kann sich nicht sammeln.
- ◆ Halten Sie soweit als möglich den Platz vor der Haustür frei.
- ◆ Sorgen Sie für eine entsprechende Gestaltung der Eingangstür, etwa durch ein rundes Emblem an der Tür, zum Beispiel einen Türkranz, ein rundes Fenster; aber auch ein halbrunder Absatz wäre eine Lösung. Bepflanzung links und rechts, zum Beispiel mit Buchsbaum.

Ist die Eingangstür eindeutig und gut zu finden?

Ja. Günstig – Qi findet leicht in Ihren Lebensraum.

Nein. Ungünstig – Qi hat Schwierigkeiten, Ihren Lebensraum zu erreichen.

- Achten Sie auf eine intuitive Wegführung. Ein Ankommender muß wie von selbst den richtigen Weg einschlagen.
- Licht und auffällige Bepflanzung können ein Bezugspunkt sein, der schon von der Straße aus sichtbar ist.

Bietet die Eingangstür einen positiven ersten Eindruck?

Ja. Zum Beispiel eine schöne Tür mit Schnitzereien, einem Fenster und ähnlichem. Günstig – Qi fühlt sich willkommen.

Nein. Ungünstig – Qi wird »verprellt«.

- Verbessern Sie den ersten Eindruck durch links und rechts gesetzte Pflanzen, etwa Buchsbaum, einen dekorativen Türkranz, ein schön gestaltetes Namensschild oder dekorative Objekte wie ein Türklopfer. Im Anhang finden Sie auf Seite 228 ff eine Reihe von Symbolen, die zugleich eine schützende Wirkung vermitteln.

Vermittelt der Bereich, den ein Eintretender als erstes wahrnimmt, das Gefühl des Angekommenseins?

Ja. Günstig – der Eingangsbereich ist ein Raum der Sammlung, in dem man die Belastungen des Alltags von sich abfallen lassen kann.

- Gut: ein Windfang – er verhindert Durchzug und damit Luft-Sha.

Nein. Zum Beispiel herrschen beengte Verhältnisse, Unordnung, chaotische Anordnung von Möbeln und ähnliches. Ungünstig – der Eingangsbereich erzeugt keinen Übergang von Yang in der Außenwelt zu Yin im Inneren des Lebensraumes.

- Entfernen Sie alles aus dem Bereich, was unordentlich und chaotisch wirkt.
- Lassen Sie möglichst viel Platz frei, und verzichten Sie auf Schränke, Kommoden und Regale.
- Selbst wenn Ihr Eingangsbereich keinen eigenen Vorraum zur Wohnung bildet, sorgen Sie für eine zentrierte Atmosphäre, zum Beispiel über ein kreisförmiges Element am Boden, etwa ein Teppich oder in den Boden eingelassene Muster wie Mosaike.
- Die Beleuchtung sollte zentral von oben erfolgen und darf den Eintretenden auf keinen Fall blenden!

Worauf fällt der erste Blick eines Eintretenden?

Garderobe. Ungünstig: – Garderoben sind regelrechte Qi-Schlucker und davon abgesehen kein besonders attraktiver Empfang für einen Gast, insbesondere da sie die Eigenschaft zu besitzen scheinen, Unordnung förmlich anzuziehen.

- Verlegen Sie deshalb die Garderobe: Befindet sie sich zum Beispiel hinter dem Türblatt, stellt dies kein Problem dar.

Eine gegenüberliegende Wand. Ungünstig: – Wenn man als Begrüßungsgeste gegen eine Wand rennt, werden Sie sich nicht unbedingt willkommen fühlen. Im Feng Shui heißt es, das Qi würde im Moment des Ankommens blockiert.

- Arbeiten Sie hier mit Bildern oder sogar mit Trompe-l'œil (vergleiche Seite 84), um dem Auge einen offenen Raum beim Eintreten anzubieten.

Ein Spiegel. Ungünstig: – Das eintretende Qi wird »verschreckt«, vergleiche hierzu ausführlicher Seite 80.

Toilettentür. Ungünstig: – Die Assoziation von Toilette und Schmutz ist sehr tief in uns verankert. Im Feng Shui wird gesagt, daß Qi von der unmittelbaren Nähe dieser Tür angezogen wird und sich durch den Abfluß ohne zu zögern verabschieden wird, ohne auch nur eine Spur in Ihren übrigen vier Wänden hinterlassen zu haben.

- Verzichten Sie darauf, Buchstaben oder Symbole an der Tür anzubringen, um die Bedeutung dieser Räumlichkeiten ersichtlich zu machen.
- Richten Sie keine Lichtquelle auf diese Tür. Lassen Sie diesen Bereich bewußt im Dunkeln.
- Stärken Sie optisch den Bereich unmittelbar neben der Toilettentür, indem Sie etwas anbringen, was das Auge ablenkt, zum Beispiel eine Konsole mit einer dekorativen Blumenvase darauf oder einen ähnlichen Blickfänger.
- Lassen Sie die Tür optisch »verschwinden« mit einem Trompe-l'œil (vergleiche dazu Seite 84).

Treppe (aufwärts und/oder abwärts).
Befindet sich der Eintretende in einer Flucht mit den Treppenstufen?

Nein. Kein Problem. (Gilt auch, wenn der untere Treppenabsatz sich vom Eintretenden abwendet).

Ja. Ungünstig – je näher die Treppe ist, um so unbehaglicher wirkt der Eingangsbereich: Eine aufsteigende Treppe erweckt den Eindruck von Beschwerlichkeit, eine absteigende den von Bedrohung.

- Lenken Sie die Aufmerksamkeit durch attraktive Accessoires von der Treppe ab, zum Beispiel ein Bild, eine Bodenvase.
- Lassen Sie die Treppe vorzugsweise im Dunkeln, beispielsweise indem ihre Beleuchtung durch einen eigenen Schalter am Treppenanfang bedient wird und nicht mit dem des Eingangsbereiches gekoppelt ist.
- Manchmal bietet sich auch ein Vorhang oder Schal, der seitlich dekorativ zusammengerafft wird, dazu an, die Treppe mehr in den Hintergrund zu rücken. Auch Pflanzen oder Blumen können den Anblick verbergen helfen.
- Besteht genügend Platz, können Sie auch ein Möbelstück, etwa eine Kommode, dazwischen positionieren.

Wählen Sie für die Einrichtung des Eingangsbereiches Eigenschaften von Yang. Lesen Sie hierzu das Kapitel »Yang-Qi« auf Seite 31.
Für eine Stimmung in *Holz* kombinieren Sie beispielsweise ...

Wasser	Holz	Feuer
Einige Akzente: Konsole aus Glas, Wasserspiel, dunkelblaue Übertöpfe	**Schwerpunkt:** Parkettboden, Wände in Lindgrün, Rattanmöbel, Grünpflanzen	Einige Akzente: rotgerahmtes Bild, Strauß roter Blumen, rote Kissenbezüge

Das Schlafzimmer

In seiner Wichtigkeit steht der Schlafbereich dem Eingangsbereich nur wenig nach, denn immerhin verbringen wir ein Drittel unseres Lebens mit Schlafen. Während wir uns im Wachzustand dem Einfluß von schädigendem Sha ganz einfach dadurch entziehen können, indem wir einen Raum verlassen oder uns eine andere Stelle im Raum suchen, sind wir möglichen Angriffen hier ungeschützt ausgeliefert. Dennoch wird unser Körper darauf reagieren und versuchen auszuweichen: Wir wälzen uns unruhig im Bett hin und her, leiden unter Schlaflosigkeit oder beginnen sogar schlafzuwandeln.
Schlafräume sind Yin-Räume, denn Qi soll hier ruhig und sanft fließen, um Körper, Geist und Seele die nötige Entspannung zu geben.
Von allen Wandlungsphasen entspricht dem Schlafzimmer am besten *Erde*, weil es der horizontalen Ausbreitung des im Bett

Liegenden entspricht und die aktive Energie des Wachzustands (*Feuer*) auffängt und in einen Ruhezustand überführt (*Erde*).

Checkliste: Schlafzimmer

Wo befinden sich die Schlafräume?

- **Geschützt im hinteren Teil des Hauses, möglichst weit weg von der Eingangstür.** Günstig – kein Handlungsbedarf.

- **Im Obergeschoß.** Günstig – kein Handlungsbedarf.

- **Vis-à-vis der Eingangstür.** Behandeln Sie die Tür auf eine ähnliche Weise, wie eine WC- oder Badezimmertür (vergleiche Seite 158). Zumindest aber sollte diese Tür außerhalb der Beleuchtung liegen und fest verschließbar sein sowie keine transparenten Elemente enthalten, wie beispielsweise ein Glasfenster.

- **Im Norden, Nordosten, Osten.** Günstig – kein Handlungsbedarf. Bei einer Position im Osten müssen Sie damit rechnen, daß der Vollmond in Ihr Schlafzimmer scheinen kann. Hier sollten Sie deshalb über eine gute Beschattungsmöglichkeit (lichtdichte Vorhänge, Rolläden) verfügen.

- **Im Süden, Südwesten, Westen.** Ungünstig – da hier abends zuviel Licht-Qi in die Räume eindringen kann. Gleichen Sie dies durch gute Beschattungsmöglichkeiten aus, zum Beispiel Rolläden, lichtdichte Stoffe für Vorhänge etc. Eventuell kann eine buschige Bepflanzung vor dem Fenster hilfreich sein. Betonen Sie um so stärker die Yin-Qualitäten im Raum (vergleiche dazu Seite 30).

Wie ist das Bett im Raum positioniert?
Befindet es sich im Schwerpunkt des Raumes nach den Kriterien wie auf Seite 87 beschrieben?

Trifft zu. Günstig – Qi kann gut zirkulieren.

- Gut ist es auch, wenn sich beim Öffnen der Tür das Türblatt zwischen Bett und Eingang befindet: Sie bemerken im Bett liegend, daß jemand hereinkommt, können selbst aber nicht als erstes gesehen werden.

Trifft nicht zu. Ungünstig – Qi kann sich nicht angemessen entfalten.

- Bringen Sie das Bett in die relativ zum Raumschwerpunkt beste Position.

Der Schlafende weist mit den Füßen zur Tür hinaus. Ungünstig – So werden in den meisten Kulturen die Toten mit den Füßen zuerst aus dem Zimmer getragen. Aber auch ohne diese Anspielung zu kennen, verleiht eine solche Liegeposition dem Schlafenden nicht unbedingt ein sicheres Gefühl: Stellen Sie sich einfach vor, die Tür wäre offen – jeder kann Sie im Vorbeigehen sofort im Bett liegend erblicken!

- Stellen Sie das Bett günstiger auf.
- Fügen Sie zwischen sich und der Tür eine Blockade ein. Wenn Sie genügend Platz haben, könnte dies zum Beispiel eine schwere Truhe sein; manchmal genügt auch schon ein erhöhtes Fußteil. Sie können auch ein abwehrendes Symbol (vergleiche Anhang Seite 227) an oder vor Ihrem Bett in Richtung Tür anbringen.

- **Das Bett steht frei im Raum.** Ungünstig – Sie sollten mindestens an der Kopfseite eine Wand haben, am besten eine Innenwand.
- ◆ Stellen Sie das Bett um.
- ◆ Errichten Sie hinter dem Kopfende einen Paravent oder einen anderen schutzgewährenden Raumteiler.

- **Das Bett schließt längsseits mit der Wand ab.** Ungünstig – Es sollte prinzipiell von beiden Seiten zugänglich sein, insbesondere natürlich, wenn es sich um ein Ehebett handelt. Aber auch aus Gründen der Arbeitserleichterung beim Bettenmachen empfiehlt es sich, mindestens 60 cm Abstand von der nächsten Wand einzuhalten.

- **Das Bett steht schräg in den Raum hinein, und der Schlafende liegt mit dem Kopf im Winkel der Zimmerecke.** Ungünstig! Die hinter Ihnen zusammenlaufenden Wände »zerdrücken« Ihr eigenes Qi.
- ◆ Stellen Sie ein Bett niemals schräg in den Raum! Auf jeden Fall umstellen!

- **Der Schlafende liegt mit dem Kopf in den Raum hinein zeigend.** Ungünstig! Sie haben keinen Überblick in den Raum hinein und sind zudem völlig ungeschützt.
- ◆ Legen Sie sich mit den Füßen ins Zimmer hinein schlafen.

Befindet sich etwas an der Wand über Ihrem Bett?

- **Nein.** Kein Handlungsbedarf.

- **Ein Bild.** Unproblematisch, solange es nicht in einem schweren Rahmen hängt und nicht in den Raum hinein gekippt ist.

■ **Ein Regal, ein Schrank etc.** Ungünstig! Ihr Kopf wird bedroht.
- ◆ Hängen Sie das Regal ab.

■ **Eine Lampe.** Ungünstig! Ihr Kopf wird bedroht.
- ◆ Lichter am Bett sollten am besten seitlich, zum Beispiel auf einem Nachttisch, plaziert werden.

Haben Sie einen Spiegel im Schlafzimmer?

■ **Ja.** Ungünstig: vergleiche hierzu ausführlicher auf Seite 79.

■ **Nein.** Dann sollten Sie auch weiterhin darauf verzichten

Wählen Sie für die Einrichtung des Schlafzimmers Eigenschaften von Yin. Lesen Sie hierzu das Kapitel »Yin-Qi« auf Seite 30.

Für eine Stimmung in *Erde* kombinieren Sie beispielsweise ...

Erde	Metall	Wasser
Schwerpunkt:	Einige Akzente:	Einige Akzente:
Bett, ockerfarbener Schrank, sandfarbene Bettwäsche, Teppiche, Wandteppiche	weiße Wände, runde Muster auf der Bettwäsche, weißes Laken, runde Bilder, metallic gerahmte Bilder	dunkelblaue Bettwäsche, Bilder vom Sternenhimmel

Das Wohnzimmer

Das Wohnzimmer ist für viele das Herz der Wohnung – und tatsächlich: hier findet Begegnung statt, hier trifft sich die Familie und hier werden Gäste empfangen. Nicht selten finden wir hier auch den Fernseher, die Stereoanlage – kurz: alle Medien, mit denen wir Entspannung am Feierabend verbinden.
Im Sinne von Feng Shui heißt das, ein Wohnzimmer soll ...

- eine Yang-Zone besitzen, in der Kommunikation und Begegnung vorherrscht ...
- und eine Yin-Zone, in der Erholung möglich ist.

Vom Standpunkt der Wu Xing aus steht *Erde* für den entspannenden Aspekt und *Metall* für den versammelnden.

Checkliste: Wohnzimmer

Ist Ihr Wohnzimmer sehr viel größer als alle anderen Räume im Haus?

☐ **Nein.** Kein Handlungsbedarf.

- Günstig ist es, wenn alle Räume von vergleichbarer Größe sind.

☐ **Ja.** Ungünstig – der Raum verliert den Charakter von Schutz und Geborgenheit.

- Versuchen Sie, zu große Wohnzimmer in Abschnitte zu gliedern, die einen eigenen Charakter entwickeln können. Benutzen Sie dazu: Paravents, Pflanzen, raumteilende Regale, Vorhänge, Jalousien und so weiter. Auch mit Hilfe von geschickt arrangierter Auslegware, Teppichen und unterschiedlichen Bodenbelägen können Sie einen großen Raum gliedern.

- Richten Sie eine Yin-Zone, in der Sie entspannen und Ihre Ruhe genießen können, und eine Yang-Zone ein, die Sie als Ort der Begegnung und der Kommunikation gestalten. Arbeiten Sie hier mit den entsprechenden Farben und Formen, vor allem aber setzen Sie auf die Möglichkeit, durch gezielten Einsatz von Licht die entsprechende Atmosphäre zu erzeugen.
- Siehe auch Seite 86.

Hat Ihr Wohnzimmer eine Fensterwand?

☐ **Nein.** Kein Handlungsbedarf.

☐ **Ja.** Ungünstig: Dem Raum fehlt es an schützenden Wänden.
- Siehe Seite 91.

Verfügen Sie über eine Wohnküche?

☐ **Nein.** Kein Handlungsbedarf.

☐ **Ja.** Günstig, da so die Küche zu einem Lebensraum und Treffpunkt wird. Darauf sollten Sie achten:
- Eine Wohnküche ist kein guter Ort für Entspannung – deshalb sollte es für die Familienmitglieder einen extra Raum mit Yin-Qualität geben.
- Richten Sie die Sitzplätze so aus, daß die meisten nicht auf die Küche selbst ausgerichtet sind.

Befindet sich die Sitzgruppe im Schwerpunkt des Raumes?

☐ **Nein.** Gehen Sie nach den Kriterien wie auf Seite 87 beschrieben vor.

☐ **Ja.** Kein Handlungsbedarf.

Sind die Sitzgelegenheiten so plaziert, daß sie zur Tür hin offen sind?

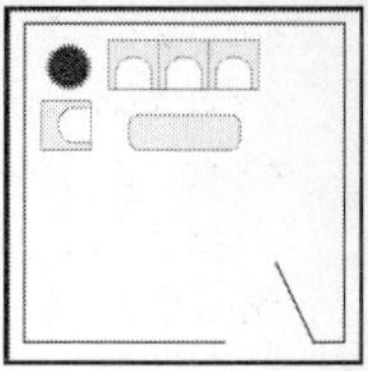

- **Ja.** Günstig.
- ◆ Besonders förderlich gelten Anordnungen im Kreis oder in Hufeisenform. Auch ein »L« kann vorteilhaft sein.
- ◆ Gut ist auch, wenn Sie die Sitzmöbel um einen runden/ovalen oder quadratischen/abgerundeten Couchtisch und /oder um einen runden/quadratischen Teppich plazieren.

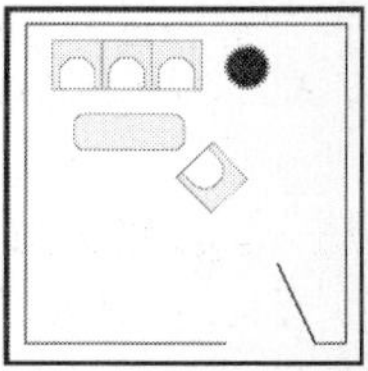

- **Nein.** Der Eintretende trifft zum Beispiel auf den Rücken eines Sessels oder einer Couch. Ungünstig! Qi wird blokkiert.
- ◆ Stellen Sie die Sitzgruppe so um, daß man von den meisten Plätzen aus die Tür sehen kann. Niemand sollte mit dem Rücken zur Tür sitzen müssen!

Für ein Wohnzimmer als Treffpunkt, als Ort der Begegnung kombinieren Sie ...

Feuer	Erde	Metall
Einige Akzente:	Einige Akzente:	**Schwerpunkt:**
Terrakottafliesen, ziegelrote Übertöpfe, Rotakzente in Bildern, Teppichen, Blumen etc.	beige oder sandfarbene Couchgarnitur, Teppiche, Bilder mit Landschaften	runder Tisch, Sessel und Sofa im Kreis aufgestellt, runde Lampenformen, runde Vasen, weiße Wände

Für ein Wohnzimmer als Ort der Entspannung und Ruhe kombinieren Sie ...

Erde	Metall	Wasser
Einige Akzente:	**Schwerpunkt:**	Einige Akzente:
niedrige Regale, Steinskulpturen am Boden, Steinfußboden, quadratische Teppiche	beige oder graue Sesselbezüge, Bilder mit Abendstimmung, Musikinstrumente	schwarze Bilderrahmen, dunkelblaue oder schwarze Gefäße, Glasschalen, Aquarium

Die Küche

Das Hauptproblem der meisten Küchen liegt darin begründet, daß sie viel zu klein geraten sind. Die Küche besitzt jedoch im Feng Shui einen ganz besonderen Stellenwert, denn hier wird für die Versorgung der Bewohner mit lebensnotwendigem Qi aus der Nahrung gesorgt.

Eine großzügig gestaltete Küche deutet in jedem Fall an, daß hier genügend Platz für die Entfaltung dieser wichtigen Prozesse eingeplant wurde.

In der Küche kommen im Grunde alle fünf Wandlungsphasen zum Zug:

- *Holz* steht für die noch nicht zubereiteten Rohstoffe.
- *Feuer* steht für die Herdstelle, auf der diese Stoffe in Speisen umgewandelt werden.
- *Erde* steht für die fertigen Speisen selbst.
- *Metall* steht für das Geschirr, die Töpfe und das Besteck.
- *Wasser* steht natürlich für das Wasser zum Kochen, aber auch zum Spülen und Reinigen.

Schwerpunkt jeder Küche ist jedoch der Herd, sprich: die Feuerstelle, weswegen von allen Wu Xing *Feuer* einer Küche am ehesten entspricht. Dennoch ist es gut, wenn man sich bei der Einrichtung der Küche in Farbe und Form auf alle Wandlungsphasen bezieht: Dies ist gewissermaßen bereits ein Ausdruck für Vielfalt und Wohlstand des gesamten Haushaltes.

Checkliste: Küche

Ist die Kochstelle im Schwerpunkt des Raumes beziehungsweise kann man die Tür von der Kochstelle aus sehen?

- **Ja.** Beispielsweise bei einer Kochinsel. Günstig!

- **Nein.** Zum Beispiel bei Einbauküchen. Ungünstig – Dies drückt sich beim Kochen ganz besonders ungünstig aus, da sich der Schreck, der Ihnen widerfährt, wenn jemand Sie hinterrücks überrascht, auf das Qi der zubereiteten Nahrung übertragen würde.

◆ **Tip:** Plazieren Sie einen kleinen Spiegel so, daß Sie das Abbild der Küchentür in ihm sehen können – so behalten Sie stets die Kontrolle über das Kommen und Gehen. Auch ein kleines Glöckchen oder ein Klangspiel am Eingang können hilfreich sein: Hier müssen Sie sich jedoch erst mit dem Gedanken vertraut machen, daß dieses Instrument immer dann ertönen würde, wenn jemand den Raum betritt. Solange also nichts zu hören ist, können Sie sich in Sicherheit wiegen.

Wie sind Spülbecken und/oder Spülmaschine plaziert?

- **Nicht gegenüber und nicht neben dem Herd.** Günstig, da der Herd *Feuer* entspricht und Spülbecken und Spülmaschine natürlich *Wasser*. Da sich beide in einem Spannungsverhältnis zueinander befinden, sollten sie nicht unmittelbar nebeneinanderliegen.

- **Gegenüber oder neben dem Herd.** Ungünstig – *Feuer* und *Wasser* bekämpfen einander nach der Lehre der Wu Xing.
- Ziehen Sie Ihre Kenntnisse über die Zyklen der Wandlungsphasen zu Rate: Zwischen *Feuer* und *Wasser* vermittelt *Holz*. Sie könnten also an der Wand zwischen beiden Geräten etwas aus Holz anbringen, zum Beispiel Holzkochlöffel oder eine Pflanze, auch das Bild einer Pflanze oder etwas Grünes und/oder Blaues. Auch ein Gewürzbord liegt im Rahmen dieser Lösung, ebenso wie ein einfaches Regal aus Holzbrettern.

Kombinieren Sie aus den Wu Xing für eine Küche zum Beispiel

Holz	**Feuer**	**Erde**
Einige Akzente:	**Schwerpunkt:**	Einige Akzente:
Grünpflanzen, Möbel in Holzoptik, zitronengelbe Wände, grüne Fliesen, Holzregale, Bilder mit Früchten, Gemüse etc.	Herd *Mehr Feuer benötigt die Küche im Grunde nicht.*	quadratische Bodenfliesen, Arbeitsflächen in Steinoptik, Marmordekor, Keramik- und Steingutgeschirr

Der Eßbereich

Jeder Eßbereich, ob Sie einen eigenen Raum dafür eingeplant haben oder ihn in Küche oder Wohnzimmer integriert haben,

hat eine enge Verbindung in erster Instanz zu *Holz* und in zweiter zu *Erde.* Die Verdauung als Prozeß, der die Speise in Energie für den Körper umwandelt, wird mit *Feuer* assoziiert. Deshalb sollten Sie bei der Gestaltung des Eßbereiches Elemente aus der Palette dieser Wandlungsphasen entnehmen.
Der Eßbereich ist ein Yang-Bereich, und deshalb sollten Sie dunkles Holz oder dunkle Stoffe besser meiden – sie könnten auch das Essen schwer im Magen liegen lassen. Schaffen Sie dagegen eine anregende, luftige Atmosphäre, die die gemeinsame Mahlzeit zu einem kommunikativen Ereignis werden läßt.

Checkliste: Eßbereich

Steht der Eßtisch im Schwerpunkt des Raumes?

- ☐ **Ja.** Kein Handlungsbedarf.

- ☐ **Nein.** Gehen Sie nach den Kriterien wie auf Seite 87 beschrieben vor.

Welche Form hat der Eßtisch?

- ☐ **Rechteck.** Günstig, denn er symbolisiert die Wandlungsphase Erde. In größeren Haushalten die beste Option.
- ◆ Ziehen Sie einen Eßtisch mit leicht abgerundeten Ecken vor!

- ☐ **Kreis/Oval/Halbrund.** Günstig, denn er versinnbildlicht die Gemeinschaft des Haushaltes. In kleineren Haushalten die richtige Wahl.
- ◆ Es ist besser, wenn der Tisch auf vier Beinen ruht als auf einem Mittelsockel. Dies symbolisiert die Erde mit ihren vier Himmelsrichtungen; eine Lampe über dem Tisch hingegen sollte eine runde Form aufweisen, womit sie dem Himmels-

rund entspricht. Damit laden Sie sich die Stabilität und die Sicherheit des gesamten Kosmos ins Haus und an Ihren Tisch.

Kombinieren Sie zum Beispiel das Ambiente des Eßzimmers wie folgt:

Holz	Feuer	Erde
Schwerpunkt: Grünpflanzen, Möbel in Holzoptik, grüne/blaue Wände, grüne Tischdecke, Bilder mit frischen Motiven und leichten Farben	Wenige Akzente: ein Strauß roter Blumen, rote Teller, rote Servietten, etc.	Einige Akzente: quadratischer Tisch, horizontal ausgerichtete Möbel, zum Beispiel flache Regale (möglichst niedriger als der Eßtisch)

Das Kinderzimmer

Das Kinderzimmer ist eigentlich ein Mehr- und Allzweckraum, der sich nur schwer auf eine Richtung einschwören läßt. Tatsächlich benötigen Kinder im Grunde alle Einflüsse, um nach besten Kräften ihre besonderen Fähigkeiten und Talente entwickeln zu können: Es muß einen Yin-Bereich geben, in dem sich Kinder ungestört fühlen und für sich sein können, und es muß einen Yang-Bereich geben, in dem sie spielen, lärmen und toben können. Beide Bereiche sollten durch Einrichtung und Dekor klar voneinander abgegrenzt sein. Später – als Zimmer von Schulgängern – sollte noch ein dritter Bereich berücksichtigt werden: der Arbeitsplatz (vergleiche dazu Seite 174).

Dies macht es natürlich etwas schwerer, die richtigen Standorte auszuwählen, beispielsweise wenn es um die Besetzung des Raumschwerpunktes geht: Soll hier nun das Bett stehen, oder sind die Spielecke oder der Schreibtisch wichtiger? Hier empfehle ich, die Kinder selbst in den Entscheidungsprozeß mit einzubeziehen, denn eine pauschale Lösung gibt es nun mal nicht. Vieles hängt von der Persönlichkeit des Kindes ab und von dem, was es selbst als wichtig empfindet. So werden ruhigere Kinder vielleicht das Bett in den Schwerpunkt plazieren, während aktive hier die Spielsachen unterbringen möchten.
Dennoch gilt das Kinderzimmer in der Hauptsache als Angelegenheit der Wandlungsphase *Holz*, da hier Menschen leben, die sich im Wachstum befinden.

Kombinieren Sie daher zum Beispiel ...

Wasser	**Holz**	**Feuer**
Einige Akzente:	**Schwerpunkt:**	Einige Akzente:
Objekte mit ungewöhnlichen Formen, Spielzeug allgemein, Spielecke mit allen Formen und Farben, kreative Unordnung	grüne und/oder blaue Tapete u. Vorhänge, vertikale Muster, Bilder von Bäumen, Holz als dominierendes Material, grüne Auslegware	Rottupfer in Tapete und Vorhängen, rote Akzente im Bodenmuster, rote Akzente in Bildern

Das Arbeitszimmer

Nichts ist unterschiedlicher zu bewerten als ein Arbeitszimmer – denn es kommt ganz darauf an, wer hier welche Arbeit verrichten möchte.

Kombinieren Sie für konzentrierte, nüchterne Büroarbeiten ...

Erde	Metall	Wasser
Einige Akzente:	**Schwerpunkt:**	Einige Akzente:
Regale mit horizontaler Ausrichtung, rechteckiger Schreibtisch, Steine als Objekte auf dem Schreibtisch, quadratische Bilder	weiße Wände, runder, gerahmter Spiegel, Metallic-Bilderrahmen, Schwarzweiß-Fotografien, runde oder kugelige Objekte auf dem Schreibtisch	Zimmerbrunnen, Arrangement aus runder Glasschale und Wasser mit Steinen, schwarze oder auch Glasschreibtische, schwarze Ablagen

Kombinieren Sie für kreatives Arbeiten ...

Wasser	Holz	Feuer
Einige Akzente:	**Schwerpunkt:**	Einige Akzente:
Zimmerbrunnen, Glasschreibtisch, dunkelblaue Ornamente, Bild mit einem Wasserfall, schwarze Bilderrahmen	Parkettboden, Grünpflanzen, hohe Regale, Holzschreibtisch, blaue Schreibtischutensilien, schmale, aufrechte Bilder	dreieckige Objekte, z. B. Pyramide auf dem Schreibtisch, rote Blumen, Rotakzente in Bildern, eine terrakottafarben oder orange gestrichene Wand

Kombinieren Sie für erfolgreiches Lernen ...

Feuer	Erde	Metall
Einige Akzente:	**Schwerpunkt:**	Einige Akzente:
Rotakzente in Bildern, dreieckige Motive in Bildern (z. B. Pyramiden), Übertöpfe in Ziegel oder Rotbraun	breiter, geräumiger Schreibtisch, Tischset, breites Bild über dem Arbeitsplatz, ein schöner Stein auf dem Schreibtisch	ein rundes Objekt im Blickfeld, weißer Marmor, naturfarbene Vorhänge, weiße Wände, ein runder Teppich

Badezimmer/Toilette

Die Orte, an denen wir unserer täglichen Hygiene nachgehen, sind meist die saubersten Räumlichkeiten des gesamten Hauses – und dennoch assoziieren wir sie eher mit dem Schmutz, dessen wir uns in ihnen entledigen, und empfinden sie als »unrein«.

Dieser Eindruck ist wohl eine Art Erinnerung an die Umstände, mit denen unsere unmittelbaren Vorfahren noch bis vor gar nicht allzu langer Zeit zu leben hatten, als noch kein ausgeklügeltes Abwassersystem in den Häusern zur Verfügung stand und man sich zur Verrichtung der Notdurft auf das berühmte »Häus'l« zurückzog, welches selbstverständlich außerhalb des Wohnbereiches lag. Noch bis in unser Jahrhundert hinein teilte man sich in Wohnhäusern auf jeder Etage eine Toilette, während man zum Baden Wasser aus dem Brunnen in die Wohnungen holen mußte. Einmal in der Woche war dann Badetag, an dem die ganze Familie teilnahm – und oftmals dasselbe Badewasser benutzen mußte.

Ich möchte Sie an dieser Stelle zunächst einmal beruhigen: Weder das Badezimmer noch das WC sind schädlich, es sind Orte des täglichen Lebens und vernichten nicht mehr und auch nicht weniger Qi als ein unaufgeräumtes Kinderzimmer. Lediglich unser Umgang mit diesen Bereichen macht sie zu dem, was wir ihnen unterstellen, und dies drückt sich schon in der gängigen Architektur aus, die beispielsweise das lästige Badezimmer eher wie eine Naßzelle behandelt denn als einen eigenständigen Raum. Und das WC wird zu einem kleinen ungastlichen Raum, in dem man sich kaum um seine eigene Achse drehen kann. Nicht ihre Funktion machen also Bad und WC zu Qi-Blockaden, sondern ihre Gestaltung, bei der man nicht mit der nötigen Sorgfalt vorgeht, wie man sie den übrigen Räumlichkeiten angedeihen läßt!
Was das Thema des Abflusses angeht, der angeblich Wohlstand und Gesundheit in die Kanalisation spült, so sollte man sich vor Augen halten, daß dies der natürliche Weg ist, den Wasser-Qi nehmen muß, um unser Haus zu verlassen! Genausowenig wie Luft-Qi ein Haus positiver Energien beraubt, indem es unseren Lebensraum durch ein Fenster verläßt, wird Wasser-Qi allein aufgrund seiner ihm eigenen Bewegungsart Schaden anrichten. Es kommt, wie bei allen Qi-Arten, auf die Art und Weise an, wie Wasser-Qi unser Haus betritt und verläßt.
Mit Hilfe der Zyklen der Wu Xing können Sie jedoch regulierend auf mögliche Störungen im Fluß des Wasser-Qi einwirken. Das größte Problem in Badezimmern wird hierbei wohl das Zuviel an Wasser-Qi sein, welches oftmals dazu führt, daß sich die Feuchtigkeit dieser Räume im Mauerwerk niederläßt und dort für Schimmelwuchs sorgt. Ein Zuviel an *Wasser* jedoch kann über den ableitenden Zyklus (vergleiche Seite 130) korrigiert werden, indem die Wandlungsphase *Holz* vermehrt eingesetzt wird. Holzböden wären hier ideal, doch sind sie leider eine Sel-

tenheit in modernen Wohnungen – hier kachelt man lieber die Wände bis an die Decke zu. Kacheln aber haben einen eindeutigen Bezug zur Wandlungsphase *Erde* – und *Erde* kontrolliert *Wasser*, steht also in einem eher spannungsreichen Verhältnis zum Grundcharakter eines Badezimmers. Ein Lösungsvorschlag mit Hilfe der Wu Xing könnte wie folgt aussehen:
Harmonisieren Sie mit *Metall* die Spannung zwischen *Erde* und *Wasser*: hier reichen in aller Regel die Armaturen an Waschbekken und an der Badewanne aus. Sie können jedoch auch einige runde Elemente im Bad plazieren, zum Beispiel einen runden Spiegel, einen runden Badezimmervorleger und so weiter.
Fügen Sie *Holz* ein: etwa durch Grünpflanzen, hier haben sich insbesondere Grasgewächse wie Papyrus oder Zyperngras, aber auch Bambus bewährt, da diese in einer feuchten Umgebung besonders gut gedeihen und somit den Übergang von *Wasser* nach *Holz* am besten verkörpern. Sie können allerdings auch einfach Dekors in den Farben Grün und Blau verwenden.
Werden Sie der Feuchtigkeit im Badezimmer überhaupt nicht mehr Herr, sollten Sie kurzzeitig (!) mit der Wandlungsphase *Feuer* arbeiten: Sie wird *Wasser* erschöpfen und dadurch das Feng Shui des Raumes stabilisieren. Rote Accessoires oder rote Blumen können diese Wirkung vorübergehend erfüllen.

Einige Empfehlungen für das Badezimmer

Das Badezimmer ist ein Bade-*Zimmer*! Es ist ein eigener Raum und sollte auch als solcher behandelt werden. Gestalten Sie ihn so, daß es eine Freude ist, sich in ihm aufzuhalten. Wenn Sie keine Fenster haben, sollten Sie auf Bilder, Spiegel oder sogar Trompe-l'œil zurückgreifen (vergleiche »Bilder und Trompe-l'œil« auf Seite 84). Hängen Sie jedoch keine Spiegel gegenüber auf: Der

sich ins Unendliche wiederholende Verdoppelungseffekt wirkt auf Ihre eigenes Qi eher irritierend und ist besser in einem Spiegelkabinett als in Ihrem Lebensraum aufgehoben.
Der Schwerpunkt eines Badezimmers liegt auf der Badewanne oder der Dusche. Diese sollten sich deshalb idealerweise an jener Stelle befinden, die von der Eingangstür am weitesten entfernt liegt. Das Badezimmer ist ein typischer Yin-Raum, das heißt, wir wollen hier nach Möglichkeit ungestört bleiben. Deswegen empfiehlt es sich, wie beim Schlafzimmer (Seite 160) beim Öffnen der Tür das Türblatt zwischen Wanne/Dusche und dem Eingang zu haben, so daß diese nicht der erste bestimmende Eindruck ist.

Einige Empfehlungen für das WC

Das »stille Örtchen« ist wie das Badezimmer ein Yin-Raum und sollte entsprechend eingerichtet werden. Pflanzen stehen ihm ebenso gut wie frische helle Farben aus dem Bereich der Grün- und Blautöne. Auch hier gilt: Die Toilette sollte beim Öffnen der Tür nicht das erste sein, was man zu Gesicht bekommt.
Halten Sie den Deckel der Toilette stets geschlossen! Dadurch unterbinden Sie die Assoziation, daß Ihnen Qi durch die Kanalisation abhanden kommt.

Kombinieren Sie für Bad und WC aus den Wu Xing zum Beispiel folgende Elemente:

Metall	**Wasser**	**Holz**
Einige Akzente:	**Schwerpunkt:**	Einige Akzente:
weiße oder graue Fliesen, weißgetünchte Wände, runder oder halbrunder Spiegel	dunkelblaue Handtücher, schwarze Dekorationen, Duschvorhang mit Wellenmustern, Ablagen und Regale aus Glas	Grünpflanzen, grüne und florale Ornamente, schmale Holz- oder Rattanregale

Die acht Lebenswünsche der Ba Gua

Wenn Sie sich mit den Wu Xing gründlich vertraut gemacht haben, können Sie eine weitere Technik zur gezielten Optimierung Ihres Lebensraumes anwenden: die Ba Gua oder acht Lebenswünsche.

Ba gua oder *pa-kua* – wörtlich: die Acht Zeichen – wird eine räumliche Struktur genannt, eine Art Raster, welches, über eine Fläche gelegt, den Raum in neun Sektoren einteilt: in acht äußere und einen inneren. Den äußeren acht Sektoren werden bestimmte Lebensbereiche zugeordnet, so daß sich ein Schlüssel zur Deutung des Raumes nach acht Themen ergibt. Im zentralen Feld befindet sich der Mensch als Betrachter der ihn umgebenden Welt, in der Mitte aller Geschehnisse stehend: Durch seine Persönlichkeit wird jeder Lebensraum zu einem eigenen, einzigartigen Universum.

Die acht Themen beziehen sich auf Situationen, mit denen wir uns im täglichen Leben konfrontiert sehen, wie Beruf, Liebe, persönliche Entwicklung und Familie. Werden nun die ihnen zugeordneten räumlichen Sektoren angemessen gestaltet, geht man davon aus, daß sich auch in den entsprechenden Lebensbereichen die Dinge günstig entwickeln werden.

Grundlage der Ba Gua sind die acht Trigramme des I Ging, die wiederum mit den acht Himmelsrichtungen korrespondieren und so den Kode zur Entzifferung der Botschaft des Raumes bilden.

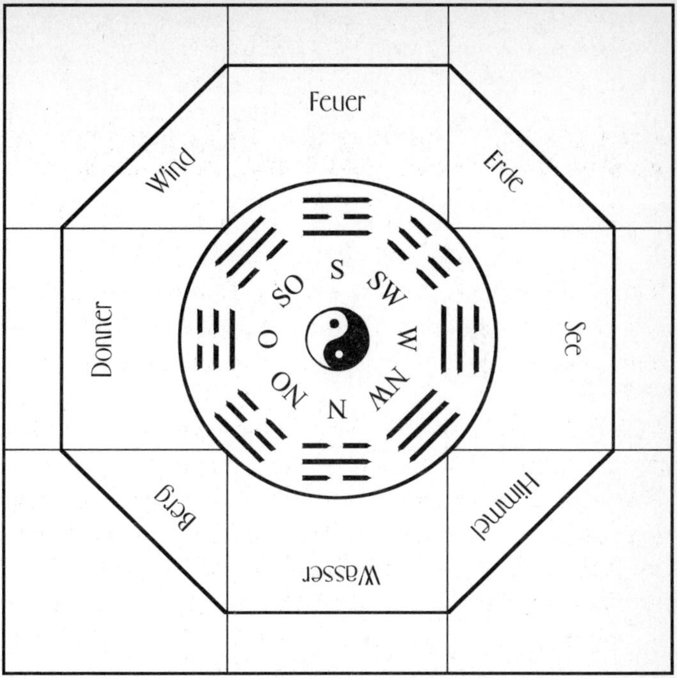

Trigramme und Himmelsrichtungen

Im Gegensatz zu den Wu Xing, welche eher die dynamischen Kräfte in der Natur zum Vorbild haben und deshalb nicht ortsgebunden sind, leiten sich die Ba Gua von den Himmelsrichtungen ab und stellen somit räumlich festgelegte Prozesse dar, wie sie durch den Wandel der Jahres- und Tageszeiten in den entsprechenden Gegenden typisch sind: Im Osten geht die Sonne auf, im heißen Süden kulminiert sie und im Westen geht sie unter – im lichtlosen Norden hingegen kann sie (zumindest in unseren Breiten) niemals stehen.

Die Ba Gua »machen« deshalb nichts – sie bekommen nur dann eine Bedeutung, wenn sie aktiviert werden, im positiven wie im negativen Sinn, so wie die Himmelsrichtungen durch das Licht der Sonne aktiviert werden. Das heißt: Etwas geschieht mit den Dingen und Wesen, die sich in den Bereichen der Ba Gua aufhalten.

Das Aktivieren der Ba Gua geschieht durch die Anwendung der Wu Xing, denn jedem Sektor ist eine der fünf Gehweisen zugeordnet.

Bevor ich Ihnen die einzelnen Sektoren und ihre Bedeutungen vorstelle, betrachten Sie zunächst folgende Übersicht:

Richtung	**Tageszeit**	**Jahreszeit**	**Trigramm**	**Name**	**Bild**	**Xing**
Osten	Sonnenaufgang	Frühling	Zhen	das Erregende	Donner	Holz
Südosten	Morgen		Sun	das Sanfte	Wind	Holz
Süden	Mittag	Sommer	Li	das Heftende	Feuer	Feuer
Südwesten	Nachmittag		Kun	das Empfangende	Erde	Erde
Westen	Sonnenuntergang	Herbst	Dui	das Heitere	See	Metall
Nordwesten	Abend		Qian	das Schöpferische	Himmel	Metall
Norden	Mitternacht	Winter	Kan	das Abgründige	Wasser	Wasser
Nordosten	Nacht		Gen	das Stillehalten	Berg	Erde

Die Ba Gua oder acht Lebenswünsche

Jeder Richtung entspricht eine Tages- und einer Jahreszeit, in der sich mit besonderer Deutlichkeit die Energien offenbaren, die für diese Himmelsrichtung typisch sind. Diesen entsprechen die acht Trigramme, denen wiederum ein Name und ein Urbild zugeordnet werden kann, in denen sich ihre grundlegende Bedeutung spiegelt.
Jedes Gua ist mit einer Wandlungsphase verwandt. Dennoch läßt sich prinzipiell jede Wandlungsphase in jedes Gua einsetzen, nur müssen Sie sich über die Auswirkungen im klaren sein. Dafür können Sie die bekannten Richtlinien aus den Zyklen der Wu Xing zu Rate ziehen.

Wie werden die Ba Gua ausgerichtet?

Bevor wir uns im einzelnen mit den Ba Gua beschäftigen, gilt es die Frage zu klären, wie das Muster der acht beziehungsweise neun Sektoren auf den Grundriß eines Hauses, einer Wohnung, eines Zimmers oder irgendeiner anderen Fläche projiziert werden kann.
Hier haben sich zwei Wege etabliert:
Der eine nutzt die Zuordnung der Gua zu den Himmelsrichtungen, der andere löst sich von der räumlichen Fixierung und bezieht sich auf die Blickrichtung eines Menschen, der gerade einen Raum betritt.
Die erste Technik ist zweifelsohne die klassische, traditionelle Variante, doch erfreut sich letztere Methode zunehmender Beliebtheit, weil sie leicht anzuwenden ist und man keine zusätzliche Ausrüstung benötigt, wie beispielsweise einen Kompaß zur exakten Bestimmung der Himmelsrichtungen. Gegner der Blickrichtungsmethode behaupten immer wieder, daß diese

nicht auf dem Boden chinesischen Gedankenguts gewachsen sei. Dies möchte ich richtigstellen:
Der Tradition nach blickte der Kaiser bei seinen Empfängen stets nach Süden, und auch sein kaiserlicher Palast war nach Süden ausgerichtet. In diesem Sinne war für den Kaiser Süden stets vorn – und entsprach damit dem Trigramm *Feuer*. Osten war demnach stets links und entsprach *Donner*, Westen immer rechts und wurde mit *See* gleichgesetzt, während Norden der Richtung nach hinten und damit *Wasser* entsprach.
So gesehen ist die Wand eines Zimmers, auf die man blickt, wenn man einen Raum betritt, immer mit Süden gleichzusetzen, weil sie vor einem liegt, und hat demgemäß die Bedeutung des Gua *Feuer* und so weiter.

Hier die Parallelen in einer Übersicht:

Gua	**Himmels-richtung**	**Blickrichtung beim Betreten eines Raumes**
Donner	Osten	linke Seite
Wind	Südosten	linke Ecke vor mir
Feuer	Süden	Seite vor mir
Erde	Südwesten	rechte Ecke vor mir
See	Westen	rechte Seite
Himmel	Nordwesten	rechte Ecke hinter mir
Wasser	Norden	Seite hinter mir
Berg	Nordosten	linke Ecke hinter mir

Die Ba Gua – Himmelsrichtung und Blickrichtung

Beide Methoden führen in der Mehrzahl der Fälle zu völlig unterschiedlichen Ergebnissen in der Orientierung der Ba Gua. Es ist deshalb ratsam, sich zunächst für eine der beiden zu entscheiden und bei ihr zu bleiben. Meiner Erfahrung nach erzielt man mit dem Ba Gua der Blickrichtung hauptsächlich in geschlossenen Räumen gute Erfolge, vor allem, wenn es sich um Stadtwohnungen handelt, in denen ein Bezug zu den Himmelsrichtungen kaum oder gar nicht vorhanden ist. Die Technik der Himmelsrichtungen hingegen scheint bei der Besprechung von Grundstücken unabkömmlich zu sein und besitzt einen starken Bezug zu ländlichen Gegenden.
Im folgenden werde ich beide Wege Schritt für Schritt erörtern.

Methode 1: Ausrichtung der Ba Gua nach der Windrose

Schritt 1: Nehmen Sie sich den in Frage kommenden Grundriß zur Hand. Wenn der Architekt keine Windrose oder wenigstens die Nordrichtung angegeben hat, müssen Sie diese mit einem Kompaß ermitteln.

Schritt 2: Umranden Sie einen unregelmäßigen Grundriß so, daß er vollständig in einem Rechteck Platz findet. Ziehen Sie jetzt die Diagonalen von Ecke zu Ecke – so erhalten Sie den Mittelpunkt des Grundrisses.

Schritt 3: Rastern Sie das Rechteck in neun Felder, indem Sie jede Seite des Rechtecks dritteln und parallele Verbindungslinien zur gegenüberliegenden Seite ziehen – dies sind die Felder der Ba Gua.

Schritt 4: Tragen Sie jetzt die Windrose von dem gefundenen Mittelpunkt aus ein, und ziehen Sie die Linien der acht Himmelsrichtungen bis an die den Grundriß umgrenzende Linie des Rechtecks. Markieren Sie die Schnittpunkte.

Schritt 5: Die Felder, welche eindeutig einer Himmelsrichtung zugeordnet werden können, werden mit dem entsprechenden Gua bezeichnet. Felder, deren Zuordnung nicht eindeutig ist, weil sich entweder zwei Himmelsrichtungen in ihnen befinden oder keine, richten sich in der Bezeichnung nach den eindeutig gefundenen.

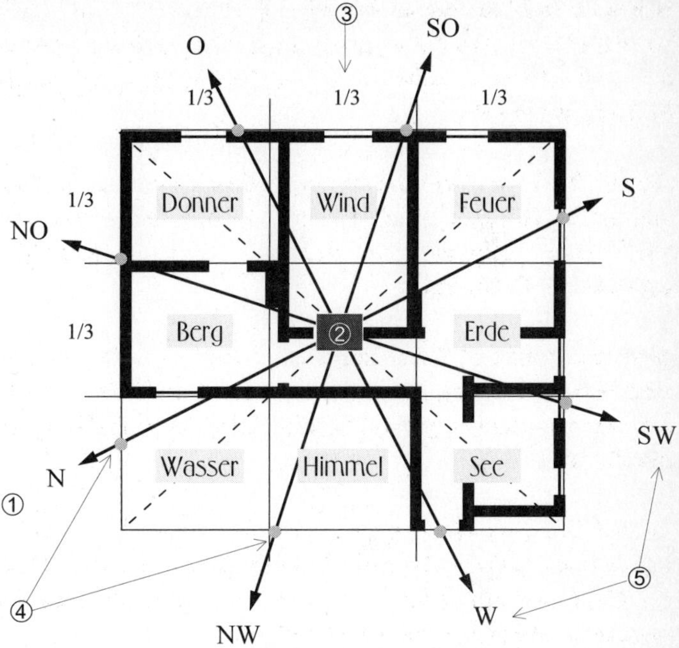

Ausrichtung der Ba Gua nach den Himmelsrichtungen

Methode 2: Ausrichtung nach der Blickrichtung

Schritt 1: Nehmen Sie sich den Grundriß zur Hand, und umranden Sie gegebenenfalls einen unregelmäßigen Grundriß mit fehlenden Ecken und Einbuchtungen so, daß er vollständig in einem Rechteck Platz findet. Ziehen Sie jetzt die Diagonalen von Ecke zu Ecke – so erhalten Sie den Mittelpunkt des Grundrisses. (Zur Unterscheidung von Ein- und Ausbuchtungen siehe Abschnitt »Unregelmäßige Grundrisse« auf Seite 190.)

Schritt 2: Rastern Sie das Rechteck in neun Felder, indem Sie jede Seite des Rechtecks dritteln und parallele Verbindungslinien zur gegenüberliegenden Seite ziehen – dies sind die Felder der Ba Gua.

Schritt 3: Suchen Sie den Haupteingang des Hauses, der Wohnung, des Zimmers etc. – die Seite des umgrenzenden Rechtecks, die man (theoretisch) sieht, wenn man diese Tür öffnet, ist die »Südwand« mit dem Gua *Feuer* in der Mitte. Alle anderen Sektoren des Rechtecks richten sich danach.

Schritt 4: Tragen Sie in die entsprechenden Felder die Bezeichnungen der Ba Gua ein.

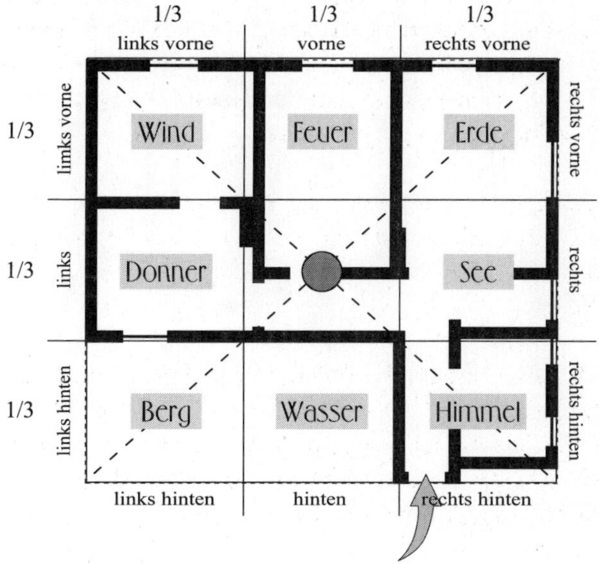

Ausrichtung der Ba Gua nach der Blickrichtung

Unregelmäßige Grundrisse

In vielen Fällen haben wir es mit unregelmäßigen Grundrissen zu tun, so daß beim Auflegen des Musters der Ba Gua Situationen entstehen können, in denen ein Feld durch ein fehlendes Eck im Grundriß ausgespart bleibt, während ein anderes durch eine Ausbuchtung betont erscheinen mag. Hier gilt:
Eine Einbuchtung liegt dann vor, wenn der fehlende Raum in seiner Breite *weniger* als die Hälfte der Gesamtlänge der Wand einnimmt.
Eine Ausbuchtung liegt vor, wenn der fehlende Raum in seiner Breite *mehr* als die Hälfte der Gesamtlänge der Wand einnimmt.

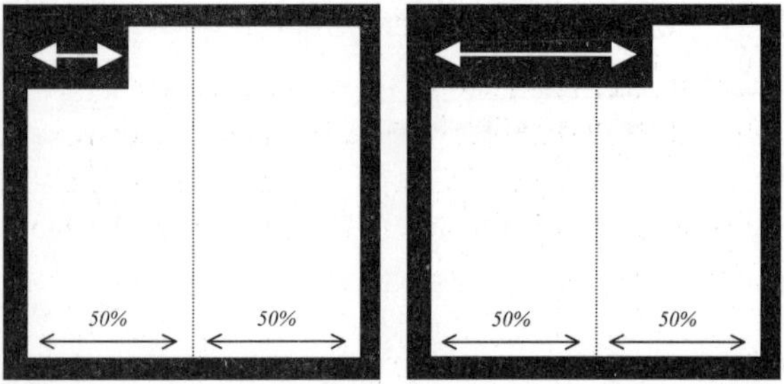

Einbuchtungen

Im Fall von Einbuchtungen fehlt dem Raum an der entsprechenden Stelle die Qualität des Gua und sollte deshalb gemäß der Vorschläge zur Raumerweiterung ausgeglichen werden. Hier ist es besonders nützlich, sich auf die mit den Ba Gua assoziierten Symbole zu beziehen.
Sehr wirkungsvoll ist auch der Einsatz der Wu Xing: das fehlende Gua wird mit der ihm verwandten Wandlungsphase gestärkt. Zusätzlich kann auch die Wandlungsphase, welche dem ent-

sprechenden Element im Sinne des fördernden Zyklus vorangeht, eingeführt werden, um den Bereich zu nähren.

Problem: In einem Grundriß finden Sie eine Einbuchtung im Bereich von *Feuer* vor.

Lösung: Sie gleichen den fehlenden Raum durch einen Spiegel, ein Trompe-l'œil oder ein Bild aus.

Oder:
Feuer hat einen starken Bezug zu Licht: Setzen Sie eine Lichtquelle dort ein.

Oder:
Sie setzen zur Stärkung von *Feuer* entsprechende Symbole ein, zum Beispiel die Darstellung einer Sonne. Besser noch ist es, Sie entwickeln persönliche Symbole um die Themen von *Feuer*, beispielsweise Gegenstände, die Sie mit Ihrem Lebensziel in Verbindung bringen.

Oder:
Wählen Sie Farben und Formen, die mit der Wandlungsphase *Feuer* assoziiert werden, weil dieses Element mit diesem Feld verwandt ist. Besser noch kombinieren Sie *Feuer* mit der Wandlungsphase *Holz*, weil *Holz* im fördernden Zyklus der Wu Xing *Feuer* nährt und dadurch stärkt. Dies könnte zum Beispiel eine grüne Pflanze (*Holz*) mit roten Blüten (*Feuer*) oder ein pyramidenförmiger Gegenstand (*Feuer*) aus Holz sein.

Ausbuchtungen

In vielen Büchern lesen Sie, daß Ausbuchtungen positiv sind, weil sie die Qualität des entsprechenden Bereiches verstärken sollen. Dies ist prinzipiell richtig – doch kann es auch zu einem Überschuß an dieser Energie kommen und damit zu einem Ungleichgewicht, das wiederum behoben werden sollte. Nur so kann sich der Überschuß produktiv entfalten.
Auch hier bildet die Lehre von den Wu Xing einen wesentlichen Schlüssel: Diesmal wird die nachfolgende Wandlungsphase betont, um die überschüssige Energie dazu zu bewegen, sich zu transformieren und damit das Qi in Gang zu halten – sonst kann es leicht geschehen, daß sich Ausbuchtungen zu »Qi-Fallen« entwickeln.

Problem: Sie haben eine Ausbuchtung im Bereich von *Wasser.*

Lösung: Wasser ist mit der Wandlungsphase *Wasser* verwandt und wird durch die Wandlungsphase *Holz* gedämpft. Sie könnten also eine Pflanze (*Holz*) in einem dunkelblauen Topf (*Wasser*) einsetzen. Der Symbolik besonders nahe wäre in diesem Falle Papyrus oder Zyperngras, die viel Wasser vertragen können und starkes Wachstum in der typischen *Holz*-Form aufweisen: schlank und hochwachsend. Denkbar wäre auch ein Bild, welches ein Gewässer zeigt (*Wasser*), an dessen Ufer Bäume in den Himmel (Farben Grün und Hellblau für *Holz*) wachsen.

Anwendungsmöglichkeiten

Verwenden Sie die Ba Gua für jede räumlich abgrenzbare Fläche, sei es ein Garten, ein Haus, eine Wohnung, ein Zimmer, ein

Schreibtisch. Zugleich können Sie so die Bedeutsamkeit der angewandten Heilmittel wirkungsvoll regulieren. Hierbei gilt:

Je mehr Personen von der betroffenen Fläche eingeschlossen werden, um so weniger individuell wirkt eine Lösung.

Wenn Sie also eine besonders individuelle und nur auf Sie abgestimmte Lösung benötigen, sollten Sie diese auf einen Bereich beschränken, zu dem nach Möglichkeit nur Sie uneingeschränkten Zugang haben. Geht es jedoch um familiäre Probleme oder Schwierigkeiten, die den gesamten Hausstand betreffen, ist es angebracht, auch die gesamte Grundfläche des Hauses oder der Wohnung, eventuell sogar des Gartens, mit einzubeziehen. In Wohngemeinschaften hat es sich als besonders effektiv erwiesen, die Ba Gua auf gemeinschaftlich benutzte Räume anzuwenden, etwa die Wohnküche oder sogar das Badezimmer.

Natürlich können Sie auch gerade den Raum bearbeiten, der im Vordergrund Ihres Interesses steht. So könnten die Ba Gua bei Schwierigkeiten im Berufsleben eines Schriftstellers besonders wirkungsvoll in seinem Arbeitszimmer, noch besser: an seinem Schreibtisch, zum Einsatz kommen. Bei Eheproblemen wäre das Schlafzimmer in Erwägung zu ziehen etc.

Hier sollten Sie sich in erster Linie von Ihrer Intuition leiten lassen und sich auch nicht scheuen, einfach mal zu experimentieren.

Es ist im übrigen völlig unerheblich, welcher Raum von einem Gua betroffen wird: Egal welche Funktion er hat, hier werden Sie die entsprechenden Themen finden, und dort müssen Sie sie auch bearbeiten. So ist es entgegen der herkömmlichen Meinung keineswegs prinzipiell ungünstig, wenn die Bereiche

Wind und *Erde* ins Badezimmer oder gar ins WC zu liegen kommen – nur müssen Sie eben in diesen Räumlichkeiten die entsprechenden Maßnahmen ergreifen, um Veränderungen im Sinne der Ba Gua vorzunehmen.
Achten Sie dabei ein wenig auf die Zuordnung der Räume und ihrer Funktionen zu den Wu Xing, wie sie im Kapitel »Die Entsprechungen der Wu Xing und ihre Anwendung« ab Seite 106 aufgeführt sind. So mag der Sektor *Feuer* im Badezimmer deshalb problematisch sein, weil er eben der Wandlungsphase *Feuer* untersteht und das Bad *Wasser* – zwei Xing, die im kontrollierenden Verhältnis zueinander stehen. Mit der Kenntnis der Zyklen der Xing jedoch dürfte es für Sie ein Leichtes sein, hier das überbrückende Element einzufügen, in unserem Falle: *Holz*, zum Beispiel in Form von Grünpflanzen oder ähnliches (vergleiche dazu auch Seite 134).

Die acht Trigramme

Die folgenden Abschnitte sollen Sie in die Inhalte der acht Lebenswünsche einführen. Dazu gehört ein kurzer Einblick in die Bedeutung der Trigramme, ihrer Namen und Bilder und eine Besprechung der Themen, die sich daraus für unseren Alltag und die Feng-Shui-Praxis ableiten lassen. Anschließend finden Sie Hinweise, in welchen Lebenssituationen Ihnen die Stärkung eines der Ba Gua besonders hilfreich sein kann und wie Sie dies mit Hilfe der Wu Xing bewerkstelligen können.

Zhen: das Erregende – Donner – Osten

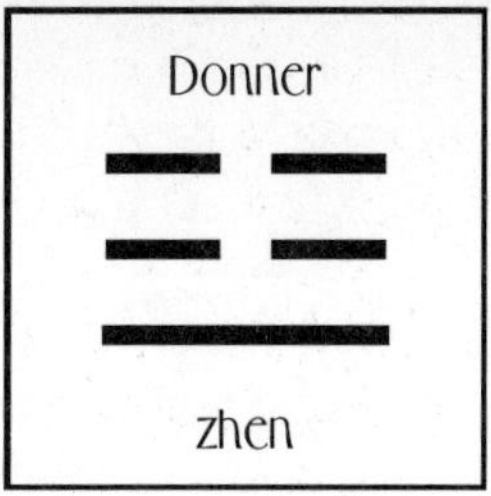

Urbild

Der Drachen erwacht aus seinem Schlaf und erhebt sich im Frühling mit lautem Getöse zum Himmel hinauf – der erste Donner und der erste Regen. Es heißt: »Alle Wesen treten hervor im Zeichen des Erregenden«, werden sichtbar und zeigen sich, sowie das erste Licht der Sonne die Nacht vertreibt.

Symbole: Drache, Fuß, Straße, Bambus, Schilf, Keimlinge, Blüten.

Thema

Donner ist der Bereich, der uns mit Energie versorgt, wenn es darum geht, eigene Ideen durchzusetzen. Er verleiht uns die Kraft und den Mut, auf uns selbst zu vertrauen, um jenen Moment der Trägheit zu überwinden, der uns so viele Male davon abgehalten hat, uns selbst zu verwirklichen – um wie der Donnerdrache die Fesseln der Schwerkraft zu überwinden und unaufhaltsam in die Höhe zu steigen.

Schlüsselbegriffe: einen Anfang machen, in Angriff nehmen, das Neue löst das Alte ab, sich befreien, Erneuerung, sich vorwärtsbewegen, Fröhlichkeit, Mut, Tapferkeit.

Diesen Bereich müssen Sie stärken, wenn ...

... Sie zwar wissen, was Sie wollen, aber nicht wissen, wie Sie einen Anfang machen können.

... Sie gegen widrige Umstände etwas in Gang setzen möchten und sich nicht stark genug fühlen.

... Sie das Gefühl haben, in einer festgefahrenen Situation zu leben und dringend Impulse zur Veränderung benötigen.

... Sie aus der Grübelei über sich und Ihr Leben nicht rauskommen und endlich einen Durchbruch erreichen wollen.

Sie stärken diesen Bereich mit *Wasser* und *Holz*:
Zum Beispiel Wasserpflanzen wie Zyperngras, Papyrus, Schilf, ein blaues Duftpotpourri, ein Modellschiff (Typ: Segelschiff mit Masten), grüne und/oder blaue Gläser, Weidenzweige (besonders: Kräuselweide, aber auch Korkenzieherhasel) in einer dunkelblauen Vase und so weiter.

Sun: das Sanfte – Wind – Südosten

Urbild

Nach dem Aufbruch der Natur folgt eine stillere Phase der Festigung in der Natur. Aus den Keimen entwickeln sich Pflanzen, die an Stärke zunehmen: »Sie werden völlig im Zeichen des

Sanften«, heißt es. Die lauen Lüfte des *Windes*, unsichtbar und doch spürbar, fangen sich im immer dichter werdenden Blätterwerk der Bäume und Büsche und tragen den Blütenstaub von einer Pflanze zur anderen: der fruchtbarkeitsspendende himmlische Segen, der »Atem der Erde«.

Symbole: Hahn, Vögel, Beine, Bäume, Wolken, Düfte, Windspiel, Mobile, Segel.

Thema

Für das Individuum bedeutet der *Wind* die Manifestation des Willens, dessen ungestümem Aufbruch nun Form verliehen werden muß, damit er nicht wirkungslos verpufft. Das Ergebnis ist, daß unser Geist die Materie beflügelt und so der unkonkrete gestalterische Impuls von *Donner* Substanz und Festigkeit erhält. Daraus entwickelt sich ein von Glück und Zufriedenheit begleiteter Umgang mit Materie, die im rechten Maß zur Erfüllung unserer Bedürfnisse eingesetzt wird. Mehr noch aber als der rein materielle Aspekt dieses Bereiches steht *Wind* für das Geschick, das, was wir haben, so einzusetzen, daß es sowohl unseren inneren als auch äußeren Reichtum vermehrt.

Schlüsselbegriffe: Umsetzung, Wohlstand, sich an den Gegebenheiten sinnvoll aussteuern, Anpassung, Gelegenheiten nutzen, günstige Entwicklung.

Diesen Bereich müssen Sie stärken, wenn ...

... Sie zwar gute Ideen, aber keine oder nicht ausreichende Mittel haben, diese zu verwirklichen.

... es Ihnen schwerfällt, eine mit Enthusiasmus begonnene Sache weiter zu verfolgen statt lieber neue Dinge zu beginnen.

... Ihren Ideen der Realitätsbezug fehlt.
... Sie Angst haben, das, was Sie besitzen, einzusetzen, um Ihre Ideen zu verwirklichen.

Sie stärken diesen Bereich mit *Holz* und *Feuer*.
Zum Beispiel Grünpflanzen mit roten Blüten (zu Ostern: Zweige mit roten Ostereiern), rote Blumen in einer schmalen, hohen Vase, (rote) Kerzen in einem Holzständer oder einem langen schmalen Halter, eine Stehlampe und so weiter.

Li: das Haftende – Feuer – Süden

Urbild

Wenn die Sonne ihren jährlichen Höchststand zur Zeit der Sommersonnenwende erreicht und wenn sie in ihrem täglichen Bogen über dem südlichen Horizont am höchsten steht, beginnt die wärmste und hellste Zeit des Jahres beziehungsweise des Tages. *Feuer* ist mit der Eigenschaft des »Haftenden« verbunden, weil es einen Stoff braucht, an dem es »haften« kann, um von ihm zu zehren.

Symbole: Fasan, Pfau, Auge, Sonne, Blitz, Gold, Räucherwerk, Licht(-quelle), Kerzen.

Thema

Symbolisiert durch die Sonne zeigt sich in diesem Bereich das Ziel des menschlichen Lebens, der Sinn, den wir unserem Leben verleihen und der wie ein Leuchtfeuer unseren Lebensweg erhellt. Man kann sich möglicherweise auf die Suche nach diesem Sinn machen, aber so wie das Feuer das einzige Element ist, welches der Mensch selbst erzeugen kann, so kann er sich den Sinn seines Lebens selbst verleihen, ihn aus sich selbst heraus schöpfen. Feuer schenkt uns das Vertrauen, daß wir unser Leben selbst in die Hand nehmen können und uns von niemandem abhängig zu machen haben. Dieser Bereich umfaßt daher alle Themen, die mit der Verwirklichung der Persönlichkeit zu tun haben. Einen Teil davon finden wir sicherlich durch den Erfolg und die Anerkennung im Beruf, dadurch, wie erfüllt wir durch unsere berufliche Tätigkeit sind. Diese Erfüllung entfacht in uns ein Feuer der Begeisterung für unser Leben und läßt uns innerlich wachsen.

Schlüsselbegriffe: Sinn des Lebens, Entwicklungsziel, Zukunft, Selbstverwirklichung, Individualität, schöpferisch, Selbstvertrauen, Berufung, Erfolg, Unabhängigkeit.

Diesen Bereich müssen Sie stärken, wenn ...

... Sie Schwierigkeiten haben, ein klares Bild von Ihrer Zukunft zu finden.

... Sie den Überblick verloren haben und den Eindruck haben, Sie hätten die Zügel nicht mehr in der Hand.

... Ihnen übernommene Verantwortung über den Kopf zu wachsen droht.

... Sie keinen Sinn in den Dingen, die Sie tun, sehen können.

Sie stärken diesen Bereich mit *Feuer*.
Zum Beispiel eine Pyramide, einen Spiegel mit Goldrahmen, eine Sonne, eine rote Lichtquelle, rote Kerzen, ein Bild von sich in einem roten Rahmen und so weiter.

Kun – das Empfangende – Erde – Südwesten

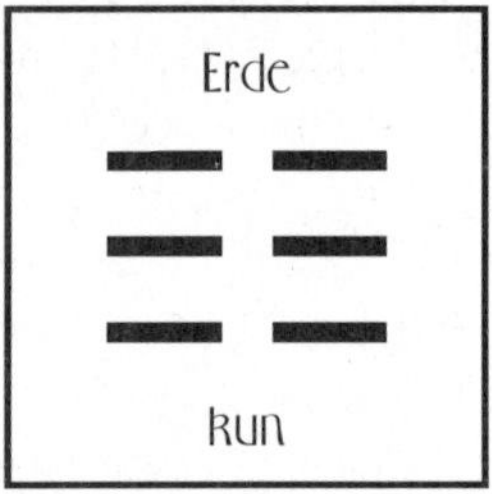

Urbild

Das reine Licht der Sonne ist prinzipiell so lange farblos, bis es auf die Struktur und die Oberfläche der Materie trifft und dort zum Teil zurückgestrahlt wird: Farben und Formen werden sichtbar, die Vielfalt des irdischen Lebens kann sich zeigen. Ein Teil der Energie wird auch von der *Erde* als Wärme gespeichert und setzt dort schöpferische Prozesse in Gang. Die Sonne hat jetzt ihren Höchststand überschritten, und ihre Bahn führt sie immer näher an den Horizont – das *Feuer* der Individualität verliert an Bedeutung.

Symbole: Kuh, Bauch, Mutter, weibliche Figur, Kessel, bauchiges Gefäß, Baumstamm, Quadrat.

Thema

Im Bereich *Erde* wird unsere Fähigkeit geprägt, uns für die Einflüsse anderer empfänglich zu machen, sie in unser Leben aufzunehmen, aber auch unsere Fähigkeiten und Errungenschaften mit anderen zu teilen. Deshalb ist *Erde* der Ort unserer Beziehungen im weitesten Sinn, seien es Partnerschaften, erotischer wie geschäftlicher Art, Freundschaften und vieles mehr. So wie das Licht nur dann seinen Ausdruck finden kann, wenn es auf ein Auge trifft, welches es wahrnimmt, werden auch wir mit unseren Idealen und Lebenszielen nur dann bestehen können, wenn sie ihren Ausdruck in unserer Umgebung finden. Hier geht es um das Wechselspiel zwischen Individuum und Umwelt, zwischen dem Drang nach einem eigenen Leben und der Erkenntnis, daß ein eigenes Leben ohne andere Menschen wenig Erfüllung bietet. *Erde* lehrt uns, sich auf die Umgebung einzulassen und herauszufinden, worin unsere Aufgabe bestehen könnte, um anderen zu dienen.

Schlüsselbegriffe: Hingabe, Beziehungen knüpfen und aufrechterhalten, Respekt, Zuneigung, Liebe, für andere dasein, sich anderen widmen, sich für andere interessieren, dienen können.

Diesen Bereich sollten Sie stärken, wenn ...

... Sie Schwierigkeiten haben, sich auf andere einzulassen.

... Sie Kraft brauchen, um sich anderen widmen zu können.

... Sie auf der Suche nach einem Menschen sind, mit dem Sie Ihr Leben teilen wollen.

... bestehende Beziehungen, Freundschaften und Partnerschaften Festigung und Stabilität benötigen.

Sie stärken diesen Bereich mit *Feuer* und *Erde*.
Zum Beispiel rot glasiertes Steingut, rote Blumen in quadratischen Vasen, rote Kerzen in Haltern aus Stein, in Stein eingelassene Lichter, Salzlampen und so weiter.

Dui: das Heitere – See – Westen

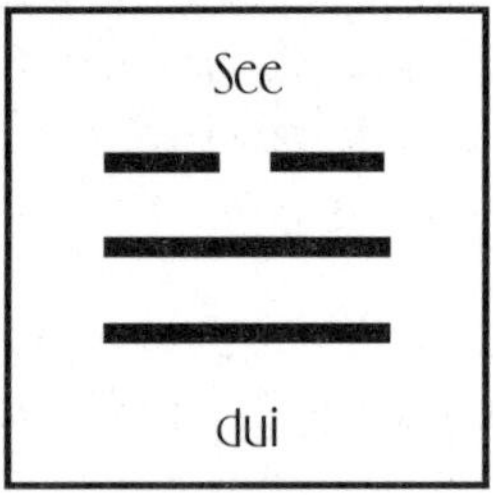

Urbild

Das Bild des Sees verbindet uns mit dem Gedanken der Vollendung, so wie der Untergang der Sonne den Tag zu einem Ende bringt und im Herbst sich die Bestimmung der Vegetation in Reife und Ernte erfüllt. Der Mensch blickt in den See wie in die blankpolierte Fläche eines Spiegels und erkennt an dem, was er erreicht hat, wer er geworden ist.

Symbole: Schaf, Mund, Zunge, Worte, Buchstaben, Schriftzeichen.

Thema

Im Bereich des *Sees* stehen wir den Konsequenzen unseres bisherigen Lebens gegenüber. Hier gilt es zu erkennen, daß alles, was ich hervorbringe, nicht unabhängig von mir betrachtet werden kann und ein Spiegel meiner Persönlichkeit ist, auch wenn wir vielleicht Mühe haben, dies auf den ersten Blick zu akzeptieren. Der Westen als Ort des Sonnenuntergangs ist in vielen Kulturen mit dem Thema Tod in Verbindung gebracht worden. Der Bereich des *Sees* jedoch geht darüber hinaus und fragt uns: Was bleibt von mir, wenn ich nicht mehr bin? Aus diesem Grund steht der *See* auch für das, was wir in unserem Leben erschaffen haben, zum Beispiel kulturelle Leistungen wie Architektur, Kunstwerke, Musik, Literatur. Aber auch Kinder gehören in diesen Bereich hinein, denn in ihnen leben wir weiter, selbst wenn wir das irdische Dasein abgelegt haben.

Schlüsselbegriffe: Begegnung, Lernen, Selbsterkenntnis, Wahrheit, Gerechtigkeit, Kultur, Vollendung, Freude.

Diesen Bereich müssen Sie stärken, wenn ...

... Sie ein Projekt zu einem gelungenen Ende führen wollen.
... Sie aus Ereignissen die richtige Konsequenz ziehen wollen.
... Sie die Früchte Ihrer Arbeit nicht genießen können.
... Sie eine Sache nicht zum Abschluß bringen können, weil Sie dann Angst vor der Leere danach haben.

Sie stärken diesen Bereich mit *Erde* und *Metall*.

Zum Beispiel eine polierte Marmorkugel, eine runde Keramikschale, ein bauchiger Tonkrug, das Bild eines Sees in einer weiten Landschaft und ähnliches.

Qian: – das Schöpferische – Himmel – Nordwesten

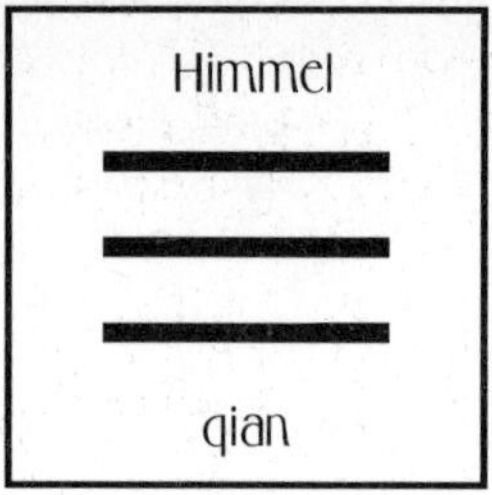

Urbild

Die gewaltige Himmelskuppel ist wie ein riesiges schützendes Zelt über den Erdkreis gespannt, und hier residieren wohlwollende, segenspendende Mächte, die dem Menschen Inspiration und Hilfe schicken, wenn er sich ihnen öffnet. Der *Himmel* ist Sinnbild der Gesetzmäßigkeit göttlicher Ordnung, wie dies der regelmäßige Gang der Gestirne am Firmament zum Ausdruck bringt.

Symbole: Pferd, Kopf, Vater, Sternenhimmel, Kreis, männliche Figur.

Thema

Dieser Bereich bringt uns in Kontakt mit dem, was man gemeinhin als »höhere Ordnung« bezeichnet. Hier endet der persönliche Einfluß des Menschen, und er muß aus einer höheren Quelle schöpfen, um weiterzukommen. Oft wird dieser Ort der Ba Gua mit »Hilfreiche Freunde« bezeichnet – und tatsächlich: Hilfe können wir hier erhalten, wenn wir uns frei machen und öffnen, diese Hilfe auch zu empfangen. Wenn dieser Bereich aktiv ist, dann geraten wir in genau die Situationen, in denen uns das »zu-fällt«, was uns gerade noch zu unserem Glück gefehlt hat.

Die Einfälle und Zufälle des *Himmels* sind jedoch stets eine Herausforderung – es kommt ganz darauf an, was wir aus ihnen machen, ob wir Chancen ungenutzt verstreichen lassen, weil wir zu sehr mit uns selbst beschäftigt waren, oder ob wir einen schöpferischen Umgang mit ihnen finden.

Schlüsselbegriffe: Philosophie, Religion, Glaube, Hoffnung, Zufall, Schicksal (wörtlich: »geschicktes Heil«), zur richtigen Zeit an der richtigen Stelle sein.

Diesen Bereich sollten Sie stärken, wenn ...

... Sie glauben, daß es das Schicksal nicht gut mit Ihnen meint.

... Sie das Gefühl haben, daß es im Leben nicht weitergeht und Sie sich wie in einer Sackgasse vorkommen.

... Sie Hilfe brauchen, um anstehende Schwierigkeiten zu bewältigen, aber nicht sehen, an wen Sie sich wenden könnten.

... Sie sich mit Fragen nach dem Sinn Ihres Daseins beschäftigen.

Sie stärken diesen Bereich mit *Metall* und *Wasser*.

Zum Beispiel eine Glaskugel, ein Schachbrett, ein Glastisch mit Metallbeinen, eine dunkelblaue Vase mit weißen Blumen, eine Schwarzweiß- Fotografie, eine bizarre Metallskulptur (besonders: in Wasser gegossenes Blei) und ähnliches.

Kan: das Abgründige – Wasser – Norden

Urbild

Wasser liegt dem Bereich des Feuers genau gegenüber – der höchste Punkt des Sonnenlaufs über dem Horizont dem tiefsten unter ihm. Feuer als das aufsteigende, nach oben gerichtete Element ist ein ebenso treffendes Bild für den Zenit wie Wasser für den Fußpunkt der Welt: es fließt stets nach unten und sammelt sich am tiefstmöglichen Ort. Nicht umsonst wird mit diesem Bereich ein Abgrund assoziiert und weckt Bilder von Talschluchten und Klammen, an deren Grund sich das Wasser verborgen und doch kraftvoll und unaufhaltsam vorwärtsbewegt.

Symbole: Schwein, Ohr, Schlucht, Mond, Silber, Welle.

Thema

Der Bereich des Wassers steht im Muster der Ba Gua für die Anlagen, Talente und Fähigkeiten, mit denen wir zur Welt gekommen sind und die uns zu etwas Einzigartigem machen können. Aus einer Quelle wird ein Bach, aus einem Bach ein Fluß, und der Fluß schließlich findet seinen Weg unweigerlich hin zum Meer. Die Kraft des Wassers nimmt uns auf eine Reise, die ihr Ende erst dann finden wird, wenn wir unserer Bestimmung gefolgt sind. Wie alles Leben aus dem Wasser kommt, so werden auch wir aus dem Abgrund entlassen, um das zu werden, was in uns angelegt ist. Wenn *Wasser* der Raupe entspricht, dann ist *Feuer* der Schmetterling – das Ziel der Transformation. Doch im Gegensatz zur Raupe haben wir Menschen keinen in den Genen verankerten Mechanismus, der uns von selbst zur Wandlung bewegt. Wir müssen den Weg auf uns nehmen und uns die Wandlung zum leuchtenden Schmetterling selbst erarbeiten. Oftmals wird dieser Bereich deshalb mit beruflichen Themen und Karriere assoziiert.

Schlüsselbegriffe: Motivation, was einen im Leben bewegt, Potential, Lebensweg, Beweggründe, Gefühle, Phantasie, Vorstellungskraft.

Diesen Bereich sollten Sie stärken, wenn ...

... Sie sich innerlich leer und antriebslos fühlen.

... Sie keine Bilder für Ihr Leben entwickeln können, die Ihnen wirklich erstrebenswert erscheinen.

... Sie den Eindruck haben, daß das, was Sie gegenwärtig tun, überhaupt nicht im Einklang mit Ihrem Lebensweg steht.

... Sie sich nicht im klaren darüber sind, worin Ihre besonderen Talente und Fähigkeiten liegen könnten.

Sie stärken diesen Bereich mit *Wasser*.

Zum Beispiel ein Zierbrunnen, das Bild eines Wasserfalls in einem schwarzen oder dunkelblauen Rahmen, das Bild eines Flusses, ein Modellschiff, ein Fischemobile, eine Glasschüssel mit Wasser, ein Aquarium und ähnliches.

Gen: das Stillhalten – Berg – Nordosten

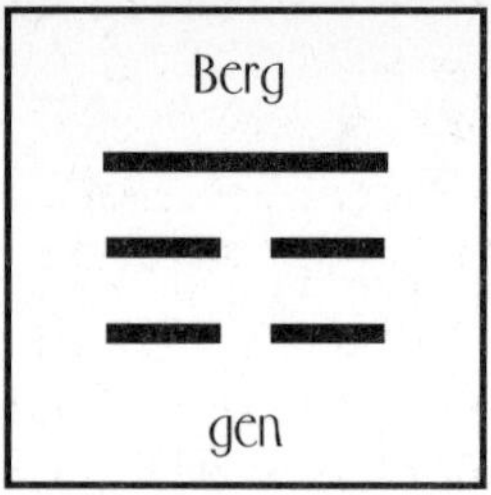

Urbild

Der *Berg* steht für die Kraft der Konzentration auf die Mitte hin, so wie die Masse des Berges vom Tal hin zum Gipfel strebt, auf den einen Punkt, an dem der Berg den Himmel berührt. Deshalb steht der Berg auch für den Ort, an dem alles seinen Anfang nimmt, und der Aufstieg auf den Berg ist gleichsam eine Reise an den Ort, an dem man mit sich eins ist, zu den eigenen Quellen, während der Abstieg symbolisch für das Ausbreiten der Persönlichkeit in der Welt steht – die »zehntausend Dinge«.

Symbole: Hund, Finger, Hand, Pfad, Steine, Türe, Samen, Truhe.

Thema

Die Erfahrung des *Berges* deckt sich mit dem Bild des Felsens, welches für Unerschütterlichkeit und Standhaftigkeit steht, dem »Fels in der Brandung«. Diese Stabilität entsteht durch das Finden der inneren Mitte, die Besinnung auf sich selbst und die einem innewohnenden Kräfte, die es zu sammeln gilt und die sich schließlich aus dem Dunkel erheben werden. Wie der Augenblick, bevor die Morgensonne über den Horizont steigt und die Nacht besiegt, so geht *Berg* dem *Donner* voraus. Doch in der nordöstlichen Richtung des *Berges* herrscht noch die Stille. Dieser Bereich steht mit unserer Fähigkeit zur Selbsterkenntnis in Zusammenhang, der Frage: Wer bin ich? »Stillhalten«, zur Ruhe finden: das heißt Meditation, Konzentration, Wissen. Während wir im alltäglichen Leben in vielen Fällen hoffen, von außen Antwort auf unsere Fragen zu erhalten, zeigt uns dieser Bereich, wie wir diese Antworten in der Innenschau finden können, im inspirierten Nachdenken über unsere Situation und in der Besinnung auf uns selbst, dem Ausgangspunkt und Endpunkt von allem, was wir im Leben in Gang setzen.

Schlüsselbegriffe: Innenschau, Meditation, Konzentration, Stille, Kräfte sammeln, abwarten, Vertrauen in die eigene Stärke entwickeln, die innere Mitte finden.

Diesen Bereich sollten Sie stärken wenn ...

... Sie das Gefühl haben, sich selbst entfremdet zu sein.

... Sie der Alltag nicht mehr losläßt.

... Sie das Gefühl haben, keine Kraft zur Bewältigung Ihrer Projekte und Vorhaben in sich zu finden.

... Sie sich labil und ohne inneren Halt fühlen.

Sie stärken diesen Bereich mit *Erde* und *Metall*.

Zum Beispiel eine schwere Truhe mit eisernen Beschlägen, eine Kommode mit einem Kerzenhalter darauf, größere Kieselsteine mit weißen Einschlüssen, das Bild eines Berges in einem Metallrahmen, einen quadratischen Spiegel und so weiter.

Probleme lösen mit den Ba Gua

Zur Stärkung von Lebenssituationen können Sie eines oder mehrere Felder der Ba Gua anregen, indem Sie dort symbolische Heilmittel anbringen, wobei Ihnen wieder Ihre Kenntnisse über die Wu Xing hilfreich sein werden.
Zunächst müssen Sie jedoch für Ihr Problem eine Lösungsstrategie entwerfen, das heißt, Sie müssen sich überlegen, welche Felder der Ba Gua überhaupt in Frage kommen.
Gehen Sie bei Ihren Überlegungen stets davon aus, welche Eigenschaften Ihnen *fehlen*, um ein Problem in Ihrem Leben zu bewältigen. Sie sollten dann dasjenige der Ba Gua stärken, welches der Qualität dieser Eigenschaft entspricht.
Folgende Tips sind nach bestimmten Lebensbereichen geordnet und mögen Ihnen als Anregung dienen, ganz individuelle Lösungen zu entwickeln.
Es versteht sich jedoch von selbst, daß die hier aufgezeigten Tips nicht als Lösung eines Problems zu betrachten sind. Vielmehr handelt es sich um Wege, unsere Grundstimmung gezielt auf den gewünschten Erfolg auszurichten – eine Garantie jedoch kann es nicht geben.

Denken Sie auch hier wiederum daran, daß eine Lösung um so effektiver ist, je persönlicher und individueller sie gestaltet wird.

Partnerschaft

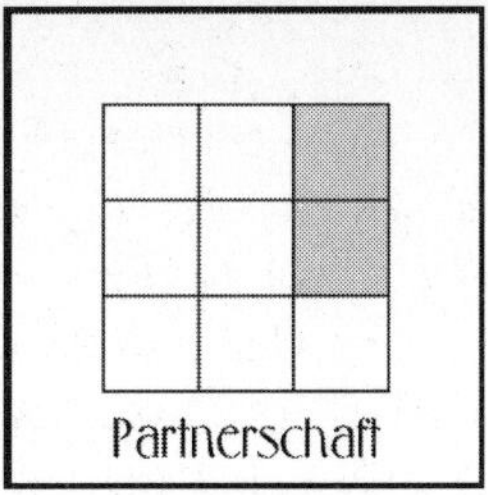

Ba Gua: Erde; See

Erde: vermittelt uns die Fähigkeit, Beziehungen zu anderen Menschen aufzubauen und aufrechtzuerhalten.
See: hilft uns, diese Beziehungen zu verstehen und aus ihnen zu lernen.

Insbesondere im Bereich *Erde* sollten Sie darauf achten, Gegenstände paarweise anzuordnen, um das Thema der Zweisamkeit deutlicher hervorzukehren.

Tips

Problem: Ich möchte mich wieder (neu) verlieben.
Tip: Setzen Sie im Bereich *Erde* Akzente aus den Entsprechungen der Wandlungsphase *Feuer*, beispielsweise zart rote oder orange Rosen. Um den Neuanfang zu betonen und, wenn Sie schüchtern sind, Ihnen Mut zu geben, empfiehlt es sich zugleich, den Bereich *Donner* zu aktivieren, vielleicht mit einem Papyrus oder einem Zyperngras.

Problem: Ich möchte meine bestehende Beziehung stabilisieren.
Tip: Konzentrieren Sie sich auf *Erde,* und stärken Sie diese mit

der Wandlungsphase *Erde*, etwa mit zwei schwer wirkenden, zueinander passenden Steinen, die Sie dekorativ plazieren. Sie können auch ein Elefanten- oder Entenpaar, am besten aus Stein oder Keramik, als Symbol einer langen Partnerschaft aufstellen. Zusätzlich fördern Sie den gemeinsamen Gewinn aus der Partnerschaft durch den Einsatz von *Metall* im Bereich *See*: Dies könnte zum Beispiel ein rundes Bild sein, vielleicht in einem Metallrahmen, mit einem Porträt der Partner.

Problem: Ich möchte mich von meiner bestehenden Bindung lösen.
Tip: Plazieren Sie im Bereich des Gua *See* etwas aus der Wandlungsphase *Metall*, zum Beispiel eine Kugel aus geschliffenem Stein oder sogar aus Bergkristall (fördert die Einsicht). Im Bereich *Donner* fügen Sie etwas aus der Wandlungsphase *Holz* hinzu, um Ihnen Kraft für einen Neubeginn zu geben, beispielsweise eine Korbschale mit duftenden Blüten.

Problem: Ich möchte meine bestehende Beziehung neu beleben.
Tip: Stärken Sie den Bereich *Erde* mit Eigenschaften der Wandlungsphase *Feuer*, zum Beispiel durch zwei (rote) Kerzen oder auch durch rote Rosen. Auch den Bereich *See* sollten Sie fördern, indem Sie hier zwei schön geformte Steine (einen für jeden Partner) oder etwas ähnliches aus den Entsprechungen der Wandlungsphase *Erde* verwenden.

Beruf und Berufung

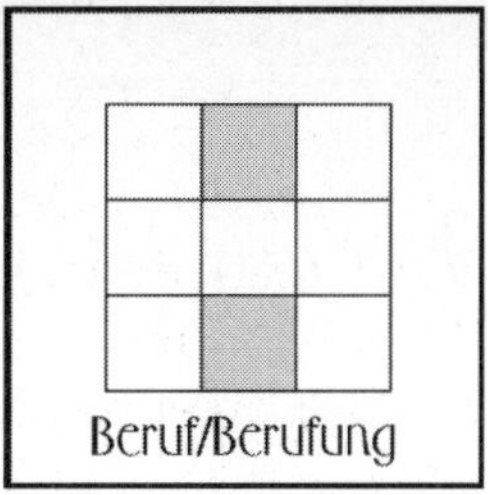

Ba Gua: Feuer; Wasser

Feuer: Wenn Sie eine bereits eingeschlagene berufliche Richtung zu größerem Erfolg führen oder bestehenden Erfolg stabilisieren wollen.

Wasser: Wenn Sie nicht recht wissen, was Sie überhaupt tun sollen und wo Ihre Talente und Fähigkeiten liegen.

Tips

Problem: Ich bin auf der Suche nach einem (neuen) Arbeitsplatz.

Tip: Betonen Sie den Bereich *Feuer* zum Beispiel mit einer zusätzlichen Lichtquelle, wenn Sie einen neuen Arbeitsplatz im selben Metier suchen. Geht es darum, einen neuen Arbeitsplatz in einem anderen Berufszweig zu finden, betonen Sie eher den Bereich *Wasser*, beispielsweise durch den Einsatz einer mit Wasser gefüllten Glasschale, in die Sie dunkelblaue Glasnuggets legen. Zusätzlich sollten Sie in beiden Fällen den Bereich *Donner* für den Wunsch nach einem Neuanfang stärken, zum Beispiel durch das Bild eines Drachen. Wenn Sie hingegen schon lange auf der Suche nach Arbeit sind und nicht das Richtige gefunden haben, bemühen Sie sich besser statt dessen um den

Bereich *Wind*, zum Beispiel durch die Verwendung einer (rotblühenden) Grünpflanze.

Problem: Ich möchte mich beruflich verbessern.
Tip: Schwerpunkt wird hier der Bereich *Feuer* sein. Stärken Sie ihn mit Elementen aus der Wandlungsphase *Feuer*, indem Sie beispielsweise ein Bild von sich in einem roten oder sogar einem goldenen Rahmen aufstellen. Auch das Bild einer Sonne stärkt diesen Bereich zu Ihren Gunsten. Zusätzlich empfiehlt es sich, den Bereich *Wind* einzubeziehen, zum Beispiel mit einer Grünpflanze.

Geld und Finanzen

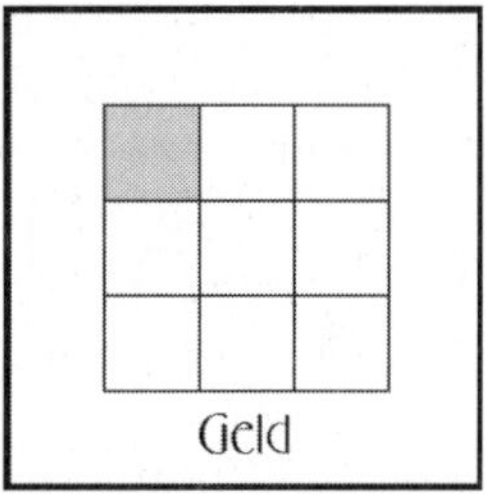

Ba Gua: Wind

Wind: Dieser Bereich kann Ihnen helfen, Ihre Ideen und Fähigkeiten noch besser in »bare Münze« umzuwandeln.

Tips

Problem: Ich möchte mein Geld lukrativ investieren.
Tip: Setzen Sie Eigenschaften der Wandlungsphase *Holz* im Bereich *Wind* ein, zum Beispiel eine hohe schlanke Vase mit

einer einzelnen Blüte. Zusätzlich kommen noch Attribute der Wandlungsphase *Wasser* im Bereich *Donner* in Frage, beispielsweise ein Zierbrunnen oder noch besser eine Wassersäule.

Problem: Ich möchte es mit dem Glücksspiel versuchen.
Tip: Auch hier betonen Sie den Bereich *Wind*, vielleicht mit dem Bild eines Segelschiffes oder ähnlichem. Zusätzlich stärken Sie den Bereich *Himmel*, um den glücklichen Zufall zu fördern, zum Beispiel mit einer Schale, in die Sie Münzen gelegt haben.

Familie

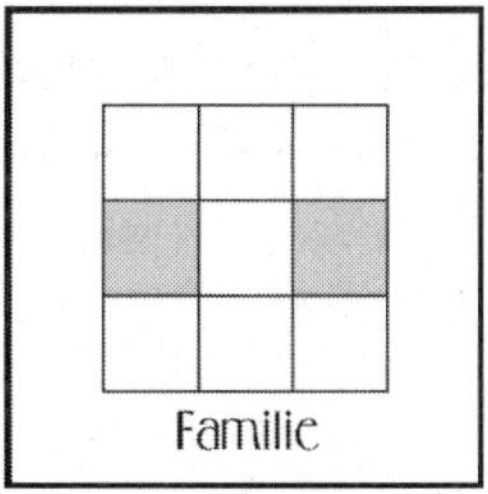

Gua: Donner; See.

Donner: (auch »die Älteren«) steht für die Herkunft eines Menschen (Sonnenaufgang entspricht Geburt), also für die Familie, in der man aufgewachsen ist.
See: für die eigene Familie, wenn es um Ihren Partner und Ihre Kinder geht.

Tips

Problem: Sie möchten die Beziehung zu Ihren Eltern verbessern.
Tip: Verwenden Sie Attribute der Wandlungsphase *Wasser*,

zum Beispiel einen Zierbrunnen, aber auch einfach Wasserpflanzen oder frische Zweige von Bäumen in einer schwarzen oder dunkelblauen Vase.

Problem: Sie haben Schwierigkeiten mit Ihren Kindern.
Tip: Setzen Sie Attribute der Wandlungsphase *Erde* im Bereich *See* ein, um die Situation zu stabilisieren, etwa das Bild einer fruchtbaren Landschaft oder auch ein Bild der Kinder in einem quadratischen Rahmen.

Gesundheit

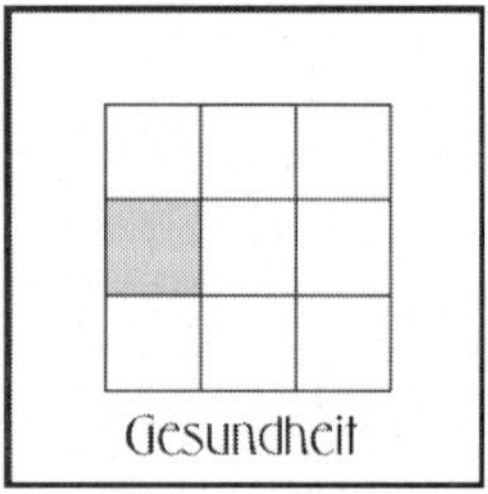

Allgemein gilt: Jedem Gua wird ein Körperteil zugeordnet (siehe die jeweiligen Symbole bei der Beschreibung der einzelnen Trigramme), so daß durch die Anwendung eines Heilmittels in diesem Bereich auch die entsprechenden Körperstellen zur Heilung angeregt werden können. Im Rahmen dieses Buches muß jedoch auf eine ausführliche Besprechung dieser Technik verzichtet werden. Dem Laien sei dringend davon abgeraten, hier willkürlich zu experimentieren.

Gua: Donner; Erde (Frauen)

Donner: Generell körperliche Belange, allgemeiner körperlicher Zustand, insbesondere psychosomatische Erkrankungen aufgrund von Energiemangel.
Erde: Für typisch weibliche Krankheiten, zum Beispiel Menstruationsbeschwerden.

Tips

Problem: Sie möchten Ihre allgemeine Gesundheit stärken.
Tip: Setzen Sie Attribute der Wandlungsphase *Wasser* und *Holz* im Bereich *Donner* ein, beispielsweise eine Grünpflanze in einem dunkelblauen Topf.

Anhang

Übersicht über die Zyklen der Wu Xing

Diese Tabelle soll Ihnen abschließend noch einmal einen Überblick über alle besprochenen Möglichkeiten bei der Arbeit mit den Wandlungsphasen bieten. (Vergleiche dazu den Abschnitt »Die Stimmung gestalten mit den Wu Xing« ab Seite 104)

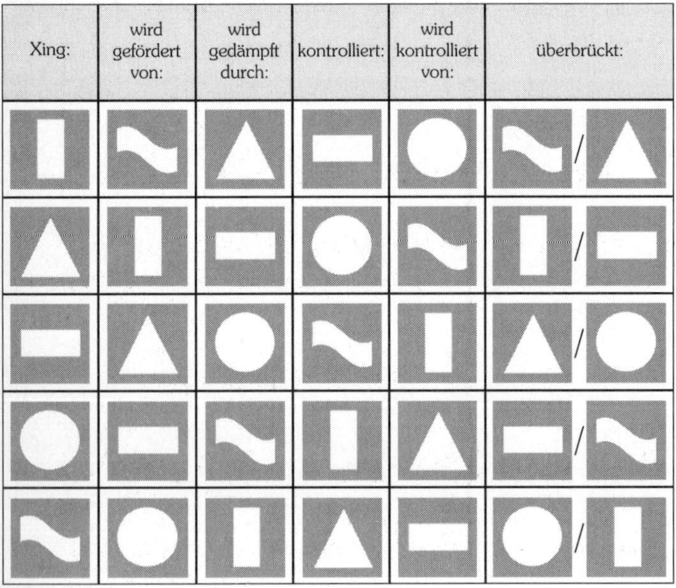

Wu Xing – komplette Übersicht.

Die einzelnen Symbole entsprechen folgenden Wandlungsphasen (Spalte »Xing« von oben nach unten): *Holz, Feuer, Erde, Metall, Wasser.*

Im folgenden finden Sie zudem genügend Material, um Feng Shui in Ihrem Heim mit individuellem Leben zu versehen! Suchen Sie sich aus den Blumen und Pflanzen, den Mineralien und Symbolen diejenigen aus, welche Ihren augenblicklichen Bedürfnissen entsprechen. Die Zuordnung zu einem der Ba Gua soll Ihnen die Entscheidung der Plazierung erleichtern – ist aber nicht unbedingt der Weisheit letzter Schluß: Vielmehr spiegeln sie die Erfahrungen wider, die ich im Lauf der Zeit gesammelt habe und die sich bewährt haben. Dennoch: Es gibt nicht *die* Lösung für alle Probleme, und deshalb haben Sie Mut, Ihrer eigenen Intuition zu folgen und auch mit anderen Kombinationen zu experimentieren.

Blumen, Pflanzen und ihre Bedeutung

Blumen können den Wu Xing auch ganz allgemein nach Farben zugeordnet werden. (vergleiche dazu auch ab Seite 146)

Blumen, Pflanzen und Obst

Pflanze	Bedeutung	Ba-Gua-Ort
Ahorn	Schutz	Donner
Anemone	Hoffnung, Schutz	Himmel, Donner

Apfel	Liebe, Fruchtbarkeit	Erde
Baldrian	Abwehr	Berg
Binse	Wissen, Bescheidenheit	Berg
Birke	Schönheit, Beginn	Donner
Birne	Zuneigung, Wohlgefühl	Erde
Buchsbaum	Ausdauer, Treue, Gesundheit	See
Chrysantheme	Heiterkeit trotz Kummer	See
Eberesche	Fruchtbarkeit, Durchsetzungskraft	Wind
Efeu	Freundschaft, Treue	Erde, See
Eiche	Ruhm, Kraft	Feuer
Erdbeere	Sinnlichkeit	Wind
Farne	Einsamkeit	Berg
Feige	Reichtum	Berg
Fichte	innere Kraft	Berg
Gänse-blümchen	Reinheit	Himmel
Getreide	Fruchtbarkeit, Reichtum	Erde
Ginkgo	Zuneigung, Freundschaft	See
Ginster	Tugendhaftigkeit	Donner
Granatapfel	Liebe, Leidenschaft	Feuer
Haselnuß	Glück	Himmel
Heidekraut	Liebe zur Einsamkeit	Berg
Holunder	Schutz für Haus und Familie	See
Hyazinthe	Loslassen können	See
Immergrün	Treue, Freundschaft	See

Iris	Sieg	Feuer
Johanniskraut	Genesung, Schutz	Donner
Kiefer	Lebenskraft, Bewältigung	Berg
Kirsche	Erotik	Wind
Klee	Glück	Himmel
Kornblume	Treue	See
Krokus	Weisheit	Himmel, Berg
Kürbis	Fruchtbarkeit, Reife	Erde
Lavendel	Schutz	Himmel
Lilie	Reinheit	Himmel
Linde	Güte, Gerechtigkeit, Gemeinschaft	See
Lorbeer	Vollendung, Triumph	See
Lotos	Vollkommenheit	See, Himmel
Löwenzahn	Erfolg	Feuer, Erde
Maiglöckchen	Ende des Kummers, Glück	Donner, Wind
Malve	Verzeihung, Segen	Himmel
Mandeln, Mandelbaum	Hoffnung	Himmel
Margerite	Orakel	Himmel
Minze	Liebe	Erde
Mistel	Glück	Himmel
Mohn	Trost, Vergessen	Erde
Myrte	Liebe, Ehe, Erotik	Erde
Narzisse	Eigenliebe	See
Nelke	Gemeinschaft	Erde, See

Olive	Göttliche Weisheit, Frieden	Himmel
Orchidee	Leidenschaft, Reichtum	Wind
Palme	Gerechtigkeit, Frieden	Himmel
Papyros	*siehe Binse*	
Pfingstrose	Heilung, Reichtum	Wind
Pfirsich	Tugendhaftigkeit	Erde
Pflaume	Treue, Glück im Haus	Erde
Pilze	Fruchtbarkeit	Erde
Pinie	Großzügigkeit, Gnade	Himmel
Primel	Hoffnung, Unschuld	Donner
Rose	Schönheit, Liebe, Lebensfreude	Feuer, Erde
Rosmarin	Treue, Liebe	Erde, See
Salbei	Heil, Gnade	Himmel
Stechpalme	Schutz	Berg, Donner
Stiefmütterchen	Erinnerung	See
Thymian	Fleiß	Wind
Veilchen	Hoffnung	Donner
Vergißmein-nicht	Abschied in Liebe	See
Wacholder	Fruchtbarkeit, Stärke	Donner, Wind
Walnuß	Wissen, Schutz	Berg
Weide	Neuanfang	Donner
Weinrebe	Freundschaft	See
Zeder	Erhabenheit	Himmel
Zitrone	neues Leben, Schutz	Donner

Mineralien, Metalle und ihre Bedeutung

Achten Sie bei Mineralien auch auf die Form, in der sie geschliffen sind: Dies verleiht ihnen im Sinne der Wu Xing eine bestimmte Bedeutung.

Formen und ihre Bedeutung

Form	Bedeutung	Wu Xing
Blatt	kräftigend u. harmonisierend	Holz
Blitz	starke Kraft	Holz
Dreieck, gleichseitig	kraftvolle Konzentration	Feuer
Dreieck, spitz	richtungsweisend	Feuer
Ei	Leben	Holz, Metall
Facetten	anregend	Holz, Feuer
Halbkugel	Streben nach Vollkommenheit	Metall
Herz	Zuneigung	Feuer, Erde
Hufeisen (C-Form)	aufnehmend, offen	Metall
Kegel	zunehmende Stabilität	Feuer, Erde
Kugel	Vollkommenheit	Metall
Lochscheibe	sammelnd	Metall
Mond	Wandlung	Metall, Wasser
Obelisk	starker Wille	Holz, Feuer
Oval	harmonisch	Erde, Metall

Pfeilspitze	zielstrebig	Holz, Feuer
Pyramide	nach oben strebend	Feuer, Erde
Ring	Schutz	Metall
Scheibe	abschirmend	Metall
Stern, fünfzackig	inspirierend	Wasser, Metall
Stern, sechszackig	harmonisierend	Erde, Metall
Trommelstein	neutral	Wasser
Tropfen	kreativ	Wasser, Holz
Würfel	konkretisierend	Erde
Zylinder	Wille	Holz

Mineralien und Metalle

Mineral	Bedeutung	Ba-Gua-Ort
Achat	Innenschau, Schutz	Berg
Aktinolith	Entscheidungskraft, Geduld	Donner
Alexandrit	Kreativität	Donner
Amazonit	Intuition und Verstand	Berg
Amethyst	Konzentration, Klarheit	Erde
Ametrin	Gelassenheit, Dynamik	Feuer, Erde
Andalusit	Identität finden	Wasser, Berg
Antimonit	Kontrolle	Himmel
Apatit	Offenheit	Erde
Apophyllit	Ehrlichkeit	See

Aquamarin	Ausdauer, Zielstrebigkeit	Feuer
Aventurin	Selbstbestimmung	Berg, Donner
Azurit	Selbsterkenntnis	Berg
Baryt	Vitalität	Donner
Bergkristall	Klarheit	Berg
Bernstein	Sorglosigkeit	Wind
Chalcedon	Leichtigkeit, Verständnis	See
Charoit	Sicherheit, Tatkraft	Erde
Chrysokoll	klarer Kopf	Berg
Chrysolith	*siehe Peridot*	
Chrysopras	Vertrauen in sich, Erfolg	Donner, Wind
Citrin	Lebensmut	Feuer
Cordierit	Ausdauer, Standfestigkeit	Wind
Covellin	Selbstliebe	Wasser
Diamant	geistige Freiheit, Kontrolle	Berg
Dumortierit	Mut, Zuversicht	Donner
Eisenkiesel	Kraft	Wind
Epidot	Verwirklichung	Wind
Erdbeerquarz	Humor	Erde
Falkenauge	geistiger Überblick	Himmel
Feueropal	Begeisterung	Feuer
Feuerstein	Ausdrucksfähigkeit	Erde
Fluorit	Neuanfang	Berg
Fossilien	Schutz	Donner, See
Fuchsit	Abgrenzung, Aufmerksamkeit	See

Gold	Selbstbewußtsein	Wind, Feuer
Granat	Tatkraft	Wind, Erde
Hämatit	Vitalität	Donner
Heliotrop	Schutz, Abwehr	Berg, Donner
Holz, versteinertes	Erdung	Feuer, Erde
Jade	Selbstverwirklichung	Wind
Jaspis, gelb	Ausdauer	Erde
Jaspis, grün	Selbstschutz	Berg
Jaspis, rot	Willenskraft	Donner
Karneol	Gemeinschaftssinn	Erde, See
Koralle	Ergänzung	See, Wasser
Kunzit	Demut	Erde
Kupfer	Gerechtigkeit, Liebe	See
Labradorit	Tiefe, Erkenntnis	Wasser, Berg
Lapislazuli	Wahrheit	Berg, Donner
Larimar	Weite	Himmel
Magmatit	Neubeginn	Donner, See
Magnesit	Selbstbejahung, Hingabe	Erde, See
Magnetit	Idealismus	Feuer
Malachit	Vorstellungskraft	Wasser
Marmor	Veränderung	Donner
Metamorphit	Abschluß, Abschied	See
Mondstein	Einfühlungsvermögen	Wasser
Mookait	Tatkraft und Sammlung	Feuer
Moosachat	Inspiration	Berg, Donner

Nephrit	Schutz	Berg
Obsidian	Selbsterkenntnis	Berg
Onyx	Selbstbewußtsein	Donner
Opal	Lebensfreude	Wind, Feuer
Opalit	Geselligkeit	Erde, See
Peridot	Initiative, Erfolg	Donner, Wind
Perle	Tiefe	Wasser, Berg
Pietersit	Stabilität	Wind
Porphyrit	Ideen verwirklichen	Wind
Prasem	Beherrschung	Donner, Wind
Pyrit	Selbsterkenntnis	Feuer
Rauchquarz	Anti-Streß	Erde
Rhodochrosit	Aktivität	Feuer
Rhodonit	Stabilisierung	Erde
Rhyolit	Verstärkung	Erde
Rosenquarz	Empfindsamkeit	Erde
Rubin	Leidenschaft	Feuer
Rutilquarz	Neue Visionen	Himmel
Saphir	Geradlinigkeit	Donner, Wind
Sardonyx	Tugendhaftigkeit, Sinnerfüllung	See, Himmel
Schalenblende	Erneuerung	See, Donner
Schneequarz	Reinheit	Himmel
Sedimente	Unterscheidungsvermögen	Erde, See
Serpentin	Schutz, Frieden	Berg
Silber	Phantasie	Wasser

Smaragd	Klarheit	Himmel
Sodalith	Konsequenz	Wind
Sonnenstein	Optimismus	Donner, Wind
Steinsalz	Schutz	Berg
Sugilit	Konflikte lösen	Feuer, Erde
Thulit	Abenteuerlust	Donner
Tigerauge	Durchblick	Berg, Donner See
Tigereisen	Energie	Donner
Topas	Selbstverwirklichung	Berg
Türkis	Schutz, Selbsterkenntnis	Berg, See
Turmalin	Dynamik	Donner
Variscit	Belebung	Donner
Zirkon	Ideen verwirklichen	Wind

Symbole

Bereits bei der Besprechung der einzelnen Gua haben Sie einige Symbole kennengelernt. Hier finden Sie eine ganze Palette an Bildern, die sich außerdem in der Praxis bewährt haben. Symbole, die mit einem * versehen sind, eignen sich zudem hervorragend als Abwehrmaßnahmen im Eingangsbereich.

Symbol	Bedeutung	Ba-Gua-Ort
Adler	himmlische Kräfte	Himmel
Anker	Hoffnung, Sicherheit	Erde, See
Auge*	Schutz, Macht	Feuer, Himmel

Band, rotes*	Schutz, Abwehr	Feuer, Erde
Brücke	Getrenntes verbinden	See
Brunnen	Weisheit der Tiefe	Wasser
Buch	Weisheit	Berg
Delphin	Freundlichkeit	Erde, See
Ei	Neuanfang	Donner
Elefant	Weisheit, Stärke	Erde, See
Engel	himmlische Kraft	Himmel
Ente	Treue	Erde
Eule	Weisheit	Berg
Feder	Leichtigkeit	Wind
Fels	Stabilität	Berg
Fisch	Fruchtbarkeit	Wind
Füllhorn	Fruchtbarkeit	Wind
Garten	Harmonie	Himmel
Glocke*	Schutz, Abwehr	Himmel
Hahn	Aufbruch	Donner
Hand	Freundschaft	See, Himmel
Hase	Fruchtbarkeit	Wind
Hirsch	Stärke	Feuer
Hufeisen*	Glück	Himmel
Hund	Treue, Freundschaft	Erde
Insel	Sorglosigkeit	See, Himmel
Katze	Unabhängigkeit	Berg
Kelch	himmlischer Segen	Himmel, Wasser
Kessel	Fülle	Wind

Kranz*	Abwehr, Schutz	See
Kuh	Fruchtbarkeit	Erde
Löwe*	Stärke, Macht	Feuer
Meer	Vielfalt, Unbegrenztheit	Wasser
Münzen	Reichtum	Wind
Muschel	Fruchtbarkeit	Wasser
Ohr	Wahrheit	See, Himmel
Pfau	Freude, Glück	Wind, Feuer
Pferd	Klugheit, Kraft	Feuer, Erde
Rad	Veränderung	See, Himmel
Regenbogen	Glück, Frieden	Wind, Himmel
Schiff	Übergang, Leben	Wasser, Berg
Schild*	Sicherheit	Berg
Schlüssel	Schutz	Berg
Schmetterling	Freude, Verwandlung	Feuer
Schwalbe	Neubeginn	Donner
Schwan	Liebe	Erde
Schwein	Glück	Wind, Himmel
Spirale	Leben	Wasser
Stier	Fruchtbarkeit	Wind
Storch	Segen	Wind, Himmel
Taube	Liebe, Frieden	See, Himmel
Trommel	Beginn, Kraft	Donner
Turm	Aufstieg aus der Tiefe	Berg, Donner
Uhr	Veränderung	See, Himmel
Vögel	Boten des Himmels	Himmel

Waage	Gerechtigkeit	See
Wagen	Aufbruch, Bewegung	Donner
Wald	Vielfalt, Phantasie	Wasser
Weg	Bewegung, Aufbruch	Berg, Donner
Wolken	Segen	Himmel

Zu vermeidende Symbolik

Vermeiden Sie am besten Motive mit folgender Symbolik im Haus:

- Politische Symbole: Sie erzeugen eine prätentiöse Atmosphäre.
- Insekten, sie werden mit Krankheiten assoziiert. (Ausnahme: Biene; sie kann als Symbol für Fleiß gesehen werden, und Skarabäus: Symbol der Erneuerung.)
- Tiere, die mit Unreinheit verbunden werden, zum Beispiel Ratten; auch: Würmer, Echsen, Schlangen und so weiter.
- Todessymbole, beispielsweise Kreuze (Ausnahme: dort, wo es kulturelle Gepflogenheit ist, etwa in Bayern), Friedhöfe, Gräber und so weiter.
- Waffen und Schneidewerkzeuge: Sie erzeugen Sha.
- Schriftzeichen, deren Inhalt Sie nicht kennen.

Literaturverzeichnis

Feng Shui

Brown, Simon:
Feng-Shui-Praxis. Goldmann, München 1998

Rossbach, Sarah:
Feng Shui in Architektur und Landschaftsgestaltung. Knaur, München 1994.
Feng-Shui. Knaur, München 1989.

Rossbach, Sarah, Lin Yun:
Feng Shui, Farbe und Raumgestaltung. Knaur, München 1996.
Feng Shui Gestaltung. Delphi, München 1998.

Simons, Raphael:
Feng Shui mit System. Knaur, München 1997.

Spear, William:
Die Kunst des Feng Shui. Knaur, München 1996.

Too, Lilian:
Die Grundlagen des Feng Shui. Delphi, 1998.
Das große Buch des Feng Shui. Delphi, München 1997.
Der Feng Shui Garten. Delphi, München 1999.

Walters, Derek:
Das Feng-Shui-Praxisbuch. Scherz Verlag, München 1996.

Wong, Eva:
Feng-Shui. Ullstein, Berlin 1997.

Chinesische Kultur und Philosophie
Blofeld, John:
Der Taoismus oder Die Suche nach Unsterblichkeit. Diederichs, München 1994.
Dschuang Dsi:
Das wahre Buch vom südlichen Blütenland. Diederichs, München 1994.
Eberhard, Wolfram:
Lexikon chinesischer Symbole. Diederichs, München 1994.
I Ging. Das Buch der Wandlungen. Herausgegeben von Richard Wilhelm. Diederichs, München 1986.
Laotse:
Tao te king. Diederichs, München 1986.
Li Gi.
Das Buch der Riten, Sitten und Bräuche. Diederichs, München 1994.
Liä Dsi:
Das wahre Buch vom quellenden Urgrund. Diederichs, München 1992.

Baubiologie, ökologisches Bauen
Day, Christopher:
Bauen für die Seele. Ökobuch, Staufen b. Freiburg 1996.
Fiedler, Klaus:
Alles über gesundes Wohnen. C. H. Beck, München 1997.
Ringlstetter, Albert:
Einfach richtig bauen: Grundlagen. BLV München u. a. 1999.

Adressen

Feng Shui Beratungen, Konzepte und Unterricht

Christopher A. Weidner,
Feng Shui nach Feng Huang, exam. Astrologe TPA
Buttermelcherstr. 17, D-80469 München
Tel. & Fax: 0049 (0)89 229647
eMail: phoenix.astrologie@comquest.de
URL: www.phoenix-astrologie.de

Trompe l'œil, Illusionsmalerei

Margarit v. Pölnitz-Egloffstein, Dipl. Peintre en Décors
Waltherstr. 18, D-80337 München
Tel.: 0049 (0)89 536910

Die Abbildungen auf Seite 84 zeigen Werke dieser Künstlerin.

Feng Shui Design

Guth Design
Domagkstr. 33/Haus 39, D-80807 München
Tel.: 0049 (0)89 32369102, Fax: 0049 (0)89 32369103
eMail: Uliguth@aol.com

Register

Das Register wurde zur besseren Übersicht in folgende drei Kategorien gruppiert:

- **Wohnbereicheregister** – zum schnellen Auffinden von allen einen Wohnbereich betreffenden Tips
- **Problemregister** – zum schnellen Auffinden problematischer Bereiche
- **Heilmittelregister** – zum schnellen Auffinden von Heilmitteln und ihren Einsatzmöglichkeiten

Wohnbereicheregister

Die Liste der einzelnen in diesem Buch besprochenen Wohnbereiche.

Problemregister

Hier finden Sie eine Auflistung der wichtigsten Problemzonen und schwierigen Situationen in und ums Haus.

Heilmittelregister

Die häufigsten Heilmittel mit Verweisen auf ihre Anwendungen.